# 非モテ

# モテないけど生きてます

## 苦悩する男たちの当事者研究

ぼくらの非モテ研究会［編著］

青弓社

# モテないけど生きてます——苦悩する男たちの当事者研究

## 目次

## 第2章　痛みを言葉にする

# 終章 男の悩める場所

装画——カヤヒロヤ
装丁——Malpu Design［清水良洋］

# 序章
# 生きやすくなったと言っていいのか

# 1 戸惑いの内側から

西井 開

## 1 生きやすくなったと言っていいのか

月に一、二回、十人程度の男性たちが公共施設の一室に集まってくる。部屋の入り口には「ぼくらの非モテ研究会」と書かれた看板が掲示してある。

「こんばんは」

「こんばんは」

そういって彼らは会場のホワイトボードを取り囲むようにして並べられた椅子に静かに座る。初期から参加しているメンバーのハーシーさんが声をかける。

「ここには何を見てこられたんですか?」

「あ、「Twitter」で」

「そうですか。来てくださってありがとうございます」

「はい」

沈黙。

午後六時半になって、その日ファシリテーターを務めることになっていた私が口火を切った。

「みなさん、今日はご参加いただいてありがとうございます。時間になったのでそろそろ始めましょうか」

参加者たちはその日のテーマに沿って、自分の悩みや苦労を語る。ファシリテーターである私も語る。一人が話し終えたらほかの参加者から質問やコメントを募り、それが終わればまた次の人が語りだす。それを全員が繰り返した。

午後九時ごろ研究会を終え、参加した男性たちが同じビルの四階にあるチェーンのうどん屋にぞろぞろと入っていく。何度も利用しているので、ほとんどのメニューを制覇してしまったかもしれない。平均年齢は三十歳くらい。若くても二十歳という男性の集団ながら、アルコールを頼むものは誰もいない。閑散として、貸し切りのような店内でそれぞれ六百円から八百円くらいのうどんをすすりながら、先ほどの研究会の感想を話したり、現在進行中の片思いの相談を始めたり、なんだか小難しい話をしたりしている。

「そろそろ閉店のお時間でして……」とバイトの店員が声をかけてきて、私たちは席を立つ。一人ずつ会計をすませて、それぞれ電車に乗って帰っていく。電車に揺られながら、私は帰る方向が同じメンバーとグループの活動について話をした。終点の駅に着くころ、彼はぽつりとつぶやいた。

「生きやすくなったって言ってもいいんですかね」――。

「ぼくらの非モテ研究会」(非モテ研)という男性のための語り合いグループを立ち上げてから二年半がたった。参加者の多くがモテないことに悩む男性で、しばしば恋愛の悩みを語り合うが、次第に、一人前の人間ではないという不安、傷つけられたという痛み、公には言えない欲望、誰かを傷つけてしまったという罪悪感など、あらゆる苦悩が話題になるようになった。私たちは研究会で自分の経験を語り、そして悩みや痛みや罪悪感がどこからもたらされているのか、またどうすればよりよく生きることができるのかを探求してきた。

「生きやすくなった」と簡単には言えない……。語りによって記憶の蓋を開けることは、さらなる困惑や苦痛をもたらすかもしれない。また、後ろ暗い過去や欲望を持っているのに、グループで仲間と出会い、自分の生きづらさを語り、そして少し気が楽になっていいのかという戸惑いもある。生きやすくなりたいという、抱いて当然の感覚に躊躇するような彼の言葉が、私はとても印象に残っている。

非モテ研に参加する男性たちは、ずっと悩み続けている。そのさまを描く本書は、男性の苦悩を外側から分析・整理したものではなく、非モテ研のメンバーたちが苦悩の内側から研究を積み重ねた成果としてできあがっている。

以下では、現代の男性たちを取り巻く社会環境と非モテ研の概要、そしてメンバーたちの体験を一つの物語として提示しながら本書の構成を見ていきたい。

## 2 近年の男性をめぐる動向と「非モテ」

近年、男性正社員の収入減少や非正規雇用の増加、生涯未婚率の上昇、女性の社会参画と経済自立の広がりなど、[1]男性をめぐる環境は変化した。なかでも「男性」という特権的立場による利益を十分に得られない男性、いわばマジョリティとしての男性像からは周縁化された男性たちの苦悩は特に深まっている。

社会学の一分野である男性学は、こうした社会的変化による男性たちの「生きづらさ」を研究対象にしてきた。[2]ところが、具体的な男性個人の苦しみを紹介する研究はいまだに少ない。その背景には、これまで多くの先行研究や実践が指摘してきたように、男性は自身の弱さを言葉にしないという問題が考えられる。[3]特に被暴力体験については、そもそもそれを被害として認識しないという指摘もある。[4]

熊谷晋一郎と杉田俊介は対談のなかで、自身の痛みや内面を振り返り、表現することをしなかった結果として男性が排外主義的、差別的な言説に回収される危険性に警鐘を鳴らす。[5]実際、近年インターネットを中心として女性差別的（ミソジニー）発言はあふれ、MeToo 運動に対するセカンドレイプや、女性政治家・運動家に対して人格を貶めるような言説（gender trolling）も散見される。

こうした現状のなかで隆盛したのが「非モテ」という言葉である。

そもそも「非モテ」とは、「モテる」の否定形として一九九〇年代後半にネット上に登場したバズワードである。男性たちはこの言葉を媒介に、恋人がいない苦しみや性経験がないという悩みを公に発信するようになった。最初は自虐ネタとして扱われた「非モテ」は、二〇〇〇年代以降、自らを形容する言葉ではなく他者を貶める言葉としても使用され始め、恋人がいない「非モテ」男性を揶揄する風潮が広がった。

一方、一部の男性たちによって、恋人がいない不遇に加え、自身の身体や性格上の欠点に対する自己否定、権力性を持つ男性への嫉みや恨み、そしてときに女性に対する攻撃的な言説が「非モテ」という言葉を介して発信されるようにもなった。英語圏の国々では、「非モテ」と類似する現象として「インセル」の問題が話題になっている。[6]

自分自身、女性との関係がうまくいかずに苦しんできた経験がある私は、モテない男性が蔑まれ、そしてときに恨みと暴力に走る現状に歯がゆさを感じ、「非モテ」に苦しむ男性たちが自分たちに起きていることを主体的に探り、苦しみをケアしあう回路を作ることはできないかと考えるようになった。そうして始まったのが、「非モテ」に悩む男たちの語り合いグループ「ぼくらの非モテ研究会」、通称「非モテ研」である。

非モテ研では「非モテのエピソード」「身体」「マスターベーション」「友達」「家族」「からかい・いじり」など、その回で決められたテーマに沿って参加者が自分の体験を語りだす。

第1章「ぼくらの非モテ研究会ができるまで」では、非モテ研がどのように始まり、そして実施されているのか、参加者の概要や実践の工夫も含めて書いている。語り合いグループ、とりわけ男性を対象にしたグループに関心がある方の参考になればうれしい。

## 3　「非モテ」男性の物語

「非モテ」という言葉を呼び水として表出された語りのなかには、これまで明らかにされてこなかった男性の世界の断片が表れている。非モテ研の仲間たちの語りを参照しながら、「非モテ」に悩む男性たちがどのような世界を生きているのかを概観しておきたい。

以下では、非モテ研で語られた内容を引用しながら「非モテ」男性の体験世界を見ていく。この「非モテ」男性という表記は、私を含む非モテ研参加者を指している。また、一部表現が異性愛に基づいたものになっているが、「非モテ」という悩みはセクシュアリティを問わず誰もが抱えうるものであることを確認しておきたい。

まず驚いたのは家庭や学校、職場のなかでなんらかの被害を受けたことがあるメンバーが少なくなかったことである。いじめやパワーハラスメント、そして親に虐待されていた経験も語られた。

「(父親は）きっかけがあるとプチンといく人で。暴れたり暴言が多くなったりする人だったんですけど、すごいそれに怯えてて子どものころ。自分が何かほしいと言ったことで、爆発させてしまったらどうしようっていう不安があって……」

こうした被害経験も影響して、「非モテ」男性たちは「自分は一人前の人間ではないのではないか」という劣等感にさいなまれていく。

「小学校のときとかでも運動のできる子は特に褒められたりすると思うんですけど、逆にできない子は蔑まれたりとかそういう経験もあって、自分の価値はないんじゃないかって。社会一般で価値があるっていう水準に自分は届いてない人間なんじゃないかっていう気持ちがあったんです」

劣等感を感じる理由は、運動ができない、背が低い、友人が少ない、など多岐にわたる。特に恋人がいないことへの劣等感は根深く、背景には、女性から好かれることと男性としての能力が紐づけられている現状が考えられる。追い打ちをかけるのが、周囲の人間とのコミュニケーションでの挫折である。

「ノリで流れていくコミュニケーションについていけないんですよね。単純に笑い話にすればいいところも突っ込んでしまっておかしい人と思われる。自分に興味がない話で周りが盛り上がってる瞬間があまりにも多すぎるというか、なんか自分に見えてないものがあるのかなって。本当にこの人たちと同じ世界を生きてるのかなって思うことがあります」

コミュニケーションがうまくいかない背景として、発達障害や、他者との関わりが怖くて一線を引くことも原因として語られる。コミュニケーションは本来、二者以上の関係性によってなされるものである。にもかかわらず問題は個人に帰責される。

結果「非モテ」男性は、ノリについていけない、まともに取り合ってくれない、など多数派集団から疎外されているような感覚を抱くようになる。感覚だけではなく、実際に「非モテ」男性は孤立している場合が多い。

「高校三年間、女性どころかそもそも人間と話す接点がなくって、「いってきます」と「ただいま」の間に一言もしゃべらないっていうのがほぼ毎日で。楽しみが月水木の漫画雑誌の発売日しかない、みたいな感じでした」

彼らの被害経験や疎外感は誰とも共有されることがないまま澱のようにたまり続ける。そうした現状を挽回するために、「非モテ」男性は多数派集団に「仲間入り」したいという焦燥に駆られる。突如筋トレを始め、ファッションにこだわり、偏差値が高い大学に入っていい就職先に就くことを目指していく人もいる。知らず知らずのうちに、劣等感をもたらした男性規範を再生産するのである。しかしそれで「非モテ」男性たちの痛みが癒やされることはなく、満たされることがない欲望にからめ取られていく。

そんなとき、「非モテ」男性は「女神」に出会う。「女神」とは非モテ研で使われている言葉で、自分に振り向いてくれる、優しくしてくれる女性を指している。自己否定を繰り返す非モテ男性にとって彼女の存在は、自分を救い上げてくれるような、まさに「神」のように映り、彼女と交際することができればいままでの不遇な状況から抜け出して一発逆転することができると考える。こうした考えに至るまでには、恋愛や結婚をすれば幸せになれるという社会の空気や、それをことさら取り上げるメディアの影響も大きい。

「非モテ」男性の欲望や行動、そして苦悩に影響を与えるメディアや言説については第3章「影響を与えるメディア」でさらに深く考えてみたい。

友達もいない「非モテ」男性にとって、この一発逆転の道筋は自分を救い出す蜘蛛の糸のような、唯一無二のパターンとして構成され、そのパターンにのっとって「女神」に対し性急にアプローチする。また、一方的なアプローチであるにもかかわらず、普段からケアに慣れている「女神」はそれをある程度許容することがあり、「非モテ」男性も許容してくれるだろうと思い込んでいるため、彼らの行動は徐々に過激になっていく。

「毎日のように彼女のアルバイト先に贈り物を、高いケーキとか、毎回三千円ぐらい使ってたんですよ」

「ストーカーみたいなことをして、その人がお昼ご飯に食べたパンのゴミを持って帰るみたいな」

「抑えきれなくなって告白してしまって、断られたにもかかわらず、連絡とかしてほしくなさそうなのに、連絡しちゃったりしますね」

実は「非モテ」男性はこうして自分の劣等感を埋めるために相手を利用し、傷つけるほど執着することに罪悪感やためらいを抱いている。しかし自己のなかで強固に構築されたパターンは、本人でさえもコントロールすることができず、罪悪感を抱きながら執着し続けるのである。

もちろん、その片思いがうまくいくことはまずない。「非モテ」男性は、一縷の望みを託した「女神」にさえ見放されたという挫折と、自分の行為の罪の意識から、さらに孤立と自己否定を深めていく。

## 4　痛みを把握する

以上のことからわかるように、「非モテ」とは疎外感や被害経験から始まり、それを補うように女性に執着し、その行為の罪悪感と拒否された挫折からさらなる自己否定を深めていくという、様々な出来事と感情が折り重なった現象であり、決して「モテない」という一要因から起こっているわけではない。

ところが、「モテない」悩みに焦点が当たっても、男性の不安や痛みの経験が語られることは少ない。そもそも現行の社会構造のなかで標準として位置づけられている男性が不安や痛みを感じていることには、自身も周囲も気づきにくく、たとえ表出されたとしても理解されない場合が多い。痛みや不安が表出されなければ、自身が抱えている苦しみがどこから生じているのか把握することができない。その結果、多数派集団からの疎外感やいじめ・虐待の被害経験ではなくて、「モテない」という目に見えやすい事実を自分の苦しみの原因として位置づけてしまうのかもしれない。このような「非モテだから苦しい」と言う男性は、周りの目から見ればモテたいという欲望に縛られて勝手に苦しんでいるように見える。こうして、男性たちが抱える痛みはさらに見えなくなってしまう。

しかし、彼らが苦しさを抱えるに至るまでにはそれぞれに複雑なメカニズムが存在している。非モテ研は、当事者研究という手法を用いながら「非モテ」という問題を個人から切り離し、一つの現象として検討することで、痛みや不安の物語を明らかにしてきた。

第2章「痛みを言葉にする」では、こうした被害の体験や自己否定感に焦点を当て、それが言葉になっていく過程について論じていく。

## 5 ダークサイドを語る余地

痛みと同等、もしくはそれ以上に語りにくいのが、ストーキングなどの加害的な側面である。ある女性に対して執拗に連絡をし続けた参加者は、このように話した。

「恥ずかしさもあり申し訳なさもあり、全然無理ですね、もう。全く向き合えない状況にあります」

加害的行為をした事実やその背後にある欲望といった自身のダークサイドに向き合うことは難しい。倫理的に逸脱した行為をとった者を見つけ出して徹底的に叩くという近年の風潮によって、男性たちは自身のダークサイドをより秘匿するようになったようにも思う。そうした側面は直視されずに放置されたままになり、結果、無意識のうちに同じ加害行為を繰り返したり、社会から排斥されたという被害者意識から加害に及ぶといった皮肉な結果も生じうる。ただ表面的な正義を押し付けて反省と自己否定を促しても加害はなくならない。重要なのは自分で自身の経験をひもときながら、なぜ加害行為をしたのかその要因を探ることと、加害につながりうる欲望をどのように非暴力的な方向に表出させるかを考えることだろう。男性たちにはダークサイドに向き合うための余地が必要なのだ。

こうした問題意識から、非モテ研は自分たちが「少し怪しい」集団であることを意識しながら活動している。まじめで清潔ではない空間だからこそ、参加者は安心して自身のダークサイドを語り、行動を見直すことができる。

加害行為や罪悪感をどう扱っていくのか、第4章「加害と責任」では、加害の問題に向き合う非モテ研の営みを描いた。

## 6 競争から共同へ――仲間関係の再編

また非モテ研では、自己否定と一発逆転のパターンにとらわれて悪循環にはまっていく過程だけではなく、そこから抜け出した経験も語られる。その一つに「仲間との共有体験」がある。

「友達は結構いたんですけど、そのとき苦しさがピークやったんですよね。高校って閉鎖的な空間で、そのときはお互いを比較しあってたんやと思います。でもボランティアっていう同じ体験を共有して、その仲間と一緒の方向を向いてるときはモテのこととか全然考えてませんでした」

「非モテ」男性が「仲間入り」しようとした集団は人間に序列をつくる競争関係にあり、そこに身を置き続けるかぎり、男性たちは常にお互いを見比べて劣等感と疎外感にさらされるか、もしくは他者を貶める危険性をはらむ。しかしここで語られた同じ方向を向きながら共有体験を重ねる仲間関係によって、「非モテ」男性の苦しさは和らぎ、新たな対人関係のあり方が開かれる。

## 7 非モテ研と語り

参加者全員で語り合い、「非モテ」研究をおこなう非モテ研も一つの共有体験と言えるかもしれない。この「語り」という営みが私たちに何をもたらすのか、最後に論じたい。

前述したように、「非モテ」男性は他者や社会との関係のなかで「自分はモテないから駄目だ」「周りの人間よりも劣っている」といった否定的な自己像を抱いている。家族療法家のマイケル・ホワイトはこうした支配的な自己描写を「問題のしみ込んだ描写（problem-saturated description）」[7]と呼んだ。

問題がしみ込んだ描写は私たちを縛り付け、とめどない自己否定に引きずり込んでいく。「ほら、やっぱり私は駄目だ」「何をやったって仕方がない」とあらゆる経験がその負の物語に吸収されるように解釈され、自分自身を肯定し解放することはますます困難になり、自ら人との関わりを避けて孤立していく。しかし、語りはこうした状況を主体的に変化させるきっかけになる。以下は非モテ研の振り返りをした際の語りだ。

「みなさん、なんで非モテ研に来てるのかってあります？」
「うーん、やっぱり面白いってのはありますね。自分と同じところが見えて、それを笑い合えるのがいいですね」
「笑い合えるのいいですよね。失敗が再解釈されて、消化されていくような気がする」

個人の経験や悩みは、語ることではじめて共有できる。そして、そういう経験をしたのは自分だけではないと知れば、一人では向き合うことが難しかったことも丁寧に見つめられるようになる。また、ときにその苦悩は参加者同士で笑い合う媒介となり、ユーモラスなものとして再解釈される。

加害経験についても、語りによって整理がなされると言えるかもしれない。私たちを加害的な振る舞いへと回収していく一発逆転などのパターンや、加害的な振る舞いを正当化する社会の言説など、これまで知覚していなかった世界は語りによって意識化される。そうしていままでとは違う振る舞いや他者関係のあり方を再発見する。

苦悩や痛みを語ることで緩くつながり、そして止まっていた時間は（本当に少しだけだけれど）動きだす。

私たちはうねうねと自分の苦悩を探索し、ほかの人の語りを聞いて得た気づきを拾い集めて、なんとか自身のエピソードを紡いできた。終章「男の悩める場所」では、このように安心して悩みを語る場はどのようにして可能になるのかを論じ、「非モテ研とはどういう場なのか」をテーマにした非モテ研メンバーの座談会の記録を収録した。

## 8　本書の読み方

以上、非モテ研メンバーたちの語りをもとに、「非モテ」に悩む男性の生活体験を追いながら、本書の流れを示した。各章には、私を含む非モテ研に継続的に参加するメンバーの八つの個人研究を載せた。妄想が肥大化していくプロセスと対処方法に迫った「セブルス・スネイプの研究――あるいは〝恋と不器用さ〟について」（足達龍彦）、パワーハラスメントによる支配構造と被害からの回復を分析した「パワハラ被害の夢の研究」（西井開）、不本意に自宅にいざるをえなくなる現象から自身の生きづらさを掘り下げた「不本意出家からの研究」（リュウ）、童貞としてのアイデンティティ戦略と女装する喜びについて斬新なタッチで描く「いわゆる女装と夢見ひもての童貞世界、その研究」(ゆーれいさん)、不遇な状況を一発で挽回しようと考える思想について分析する「一発逆転の研究」(ハーシー)、周囲の影響によって取り憑いてしまった幽霊との付き合い方を考察した「非モテ幽霊の研究」(歌男)、自己破滅的な衝動の分析と自身の内面を反映させた芸術作品を収録した「自己破滅願望の研究」(たぬき、聞き手:西井開)、周囲の人間を次から次へとバカにしてしまう病と、その背景を照らし出した「人を頑張ってバカにしてしまう病の研究」(マイル)。そこには、現代を生きる男性の個別の経験が表れている。さらに終章に掲載した共同研究「解釈押し売りの研究――非モテ研の課題について」(明日葉/西井開)では、グループ内の権力性など、非モテ研が抱える課題について掘り下げている。

また、巻末には非モテ研に一度ゲストスピーカーとして参加してもらったこともある村本邦子さんから論考を寄せていただいた。村本さんは女性グループを主宰されてきた経験があり、同じくジェンダーの視点を持ちながら活動する非モテ研へのリフレクションとしての内容になっている。

メンバーたちの個人研究・共同研究以外の非モテ研の歴史や実践内容、また活動を継続するなかで見えてきた発見に関しては、非モテ研の発起人である私(西井)が男性学や臨床社会学の知見を参考にしながら執筆を担当した。また、非モテ研を実践するうえで参考にしてきた、数十年以上活動を続けられてきた当事者団体のメンズリブ研究会、べてるの家、三重ダルク、メンズサポートルーム大阪のフィールドワークや私がそこから得たものをまとめ、「実践に学ぶ」と題して記した。

これらの団体に比べれば、非モテ研は立ち上げから日も浅く、まだ右も左もわからない状態にある。それでも、男性として生きるうえで抱える困難や被害・加害の経験に戸惑い、たじろぎながら、なんとか言葉を紡いできた三年間の手探りを描いていきたい。

（初出：「現代思想」二〇一九年二月号、青土社〔大幅に加筆・修正を施した。〕）

注

（1）女性の社会参画が広まったとはいえいまだに男女間の格差は大きく、十分と言える状況には程遠い。

（2）伊藤公雄「剝奪（感）の男性化 Masculinization of deprivation をめぐって――産業構造と労働形態の変容の只中で」（「日本労働研究雑誌」二〇一八年十月号、労働政策研究・研修機構）、田中俊之「男性学は誰に向けて何を語るのか」（「現代思想」二〇一九年二月号、青土社）など。

（3）伊藤公雄『男性学入門』（作品社、一九九六年）、林真一郎『男性役割と感情制御』（風間書房、二〇〇五年）など。

（4）中村正「妄想＝暴走する男たち――ハラスメントの要の位置にある男性性ジェンダー」「臨床心理学」第十八巻第五号、金剛出版、二〇一八年

（5）熊谷晋一郎／杉田俊介「「障害者＋健常者運動」最前線――あいだをつなぐ「言葉」」「現代思想」二〇一七年五月号、青土社

（6）「インセル（incel）」とは「involuntary celibate（不本意ながら独り身でいる者）」の略で、基本的にネットフォーラム「Incels.me」のユーザー男性を指す。「Incels.me」には、恋人がいない不遇だけでなく、ミソジニー、反フェミニズム的な言説があふれ、二〇一八年四月には、カナダのトロントで「インセル」を名乗る男性が女性や「性的魅力の高い」男性を標的にトラックで歩行者に突っ込み、

十人が死亡する事件が起きている。もちろん「インセル」と「非モテ」には乖離もあるが、地続きの問題と言えるだろう。

(7) Michael White and David Epston, *Narrative Means to Therapeutic Ends*, W W Norton & Co Inc, 1990、マイケル・ホワイト/デビット・エプストン『物語としての家族』小森康永訳、金剛出版、一九九二年

# 第1章
# 「ぼくらの非モテ研究会」ができるまで

1 実践に学ぶ：1

# 「メンズリブ研究会」

西井 開

## 1 メンズリブとは

「ぼくらの非モテ研究会」(非モテ研)は、参加するメンバーたちとの話し合いや彼らの意見によって、活動内容が変化してきた。しかし、ベースでは私がこれまでに出合ったいくつかの運動や団体の実践や理念を参照している。そのなかで最も影響を受けているのが「メンズリブ」という実践である。

一九七〇年代に隆盛した女性解放運動(ウーマン・リブ)の影響を受けて、男性運動の団体が日本各地で結成された。そうした状況のもと、八九年の日本女性学研究会例会での討論会「男はフェミニストになれるか」をきっかけに、九一年、メンズリブ研究会が関西に発足する。発起人の一人である大山治彦によると、メンズリブ研究会は前提として男性の抑圧(加害者)性を認める「プロ・フェミニズム」(pro-feminism)の立場をとりつつも、男らしさによって抑圧され、傷つけられてきた自分自身の経験や実感、すなわち男性の被抑圧(被害)者性に着目した運動[1]」として位置づけられている。

メンズリブ研究会のメンバーたちは、ウーマン・リブで取り組まれていたCR（consciousness raising＝意識覚醒）の方法論をもとにして自分たちの経験を語り、男性たちが抱える困難や問題を当事者の観点からひもとくことで、「男らしさ」の抑圧から解放されることを目指した。

メンズリブ研究会では「育児」「暴力」「父親」「セックス」「男性器」などのテーマを設けた例会を二カ月に一度開き、ときには女装をしてみる、異性愛男性同士で手をつないで街を歩く、などのラディカルなワークもおこなっていたという。また、「①女性の参加者がいるとその存在を意識して、男性が本音で話さなくなるのを防ぐ」「②男性運動に固有な分野＝被抑圧（被害）者性から新たな男性問題を構築する」(2)ことを理由に、メンズリブ研究会の参加者は男性だけに限られた。

「メンズリブ」の思想は日本各地に広がり、岡山県、東京都、奈良県、埼玉県、神奈川県、福岡県、沖縄県などに次々と「メンズリブ」を名乗るグループが誕生した。年に一度各地のメンズリブ団体が交流する第一回メンズフェスティバルでは、全国から百六十人を超える参加者が集まったという。

二〇〇〇年に入り、メンズリブの活動は下火になっていく。メンズリブに関わっていた男性学研究者の多賀太は、その理由の一つとして「運動に参加する男性たちの間で、問題意識やめざす方向性における食い違いが顕在化してきた」ことを挙げる。参加者たちは、ジェンダー問題に関心を持っているという点で共通していたものの差異もあった。多賀は、メンズリブの運動に参加する男性たちを、①フェミニストのパートナーに影響されて男性の制度的特権を問い直すことを目指す男性、②フェミニズムに関心はなく、過労などの「男らしさ」の抑圧から解放されることしか視野に入っていない男性、そして③男性同性愛者や父子家庭の父親、失業した男性、など個別の問題を抱える少数派の男性、に分類し、各男性間で対立が顕在化し、その結果、結束を保つことが難しくなったと分析している。[3]

現在「メンズリブ」を冠した団体は残っていないが、男性相談窓口を運営する『男』悩みのホットライン」や、後述するDV（ドメスティックバイオレンス）加害男性の脱暴力グループ「メンズサポートルーム」など、メンズリブ研究会から派生した団体がいくつか継続している。また、近年では「メンズリブ」の思想や運動に影響を受けた「うちゅうリブ」（東京）、「ごめんねギャバン」（北海道）など、男性の問題に焦点を当てたグループが発足している。

## 2　メンズリブ研究会を知る

二〇一六年、職場の先輩から勧められて、私は当時暮らしていた仙台市の男女共同参画センターが主催するジェンダー論講座という市民講座に参加した。講師である遠藤恵子さんの講義のあと、参加者同士でディスカッションをする全十二回の講座は学びが多く、ジェンダー論の基礎を私はここで学んだ。

一方、ジェンダーを学ぶ過程でぞっとするような体験もした。同じく仙台市男女共同参画センターが主催するDV啓発講座で、NPO法人レジリエンスの中島幸子さんの話をうかがった。自身もDVのサバイバーである中島さんの体験は壮絶なもので、その体験自体も恐ろしかったが、私は話のなかに出てくる加害者像が自分に似通っている部分があることを発見して空恐ろしくなった。自分の思いどおりにならない場合に暴力という手段で支配しようとする、自分より弱いと思った人に対してなんとしてでも優越しようとする……。身体的暴力を行使したことはなかったけれど、こうした「パワーへの飢え」のようなものが私にもあることをまざまざと感じ、自分を問い直す必要に迫られていた。

こうしてジェンダーや男性問題に関心を持ち始めた私は、勉強を進めるなかでメンズリブ研究会の発起人の一人で男性学者でもある伊藤公雄の『男性学入門』という本に出合った。男性の自殺率や居場所のなさ、暴力・犯罪と男性性の関連などをデータも用いながら分析していて、この本ではメンズリブ研究会も紹介していた。一部抜粋しよう。

参加する男性の職業や世代も多様である。ぼくのような大学教師もいれば、学生、ジャーナリストもいる。コンピューター関係の人もいれば、システム・エンジニアの仕事を辞めて無農薬の豆腐屋さんをはじめた人もいる。料理教室をやっている人や、専業主夫、日雇い労働者、無農薬の八百屋さんといった、ほんとにさまざまな職種の人がそろっている。(略)この五年ほどの間に、いろいろなことが話し合われてきた。男性論の現状についての学習会的な報告、自分の生い立ちの中でどんなふうに男性問題と直面したかといった報告、会社でのいじめの問題や家庭での妻との関係の問題、男と暴力の関係、男性と犯罪の問題、買春問題、男の介護問題などなどである。(4)

男性同士で語り合う場。読んですぐその面白さに引かれた私は、ジェンダー論講座を一緒に受けていたHさんに、男性のための語り合いグループをやろうと声をかけた。単身赴任で仙台市に来ていた会社員のHさんは「会社の人としか話す機会がなく、話す内容も仕事のことだけ……」といって落ち込み、とにかく語り合いに飢えていた。彼は、私の提案にすぐに乗ってくれた。

注

(1) 大山治彦／大束貢生「日本の男性運動のあゆみ(1)〈メンズリブ〉の誕生」、日本ジェンダー学会編集委員会編「日本ジェンダー研究」第二号、日本ジェンダー学会、一九九九年
(2) 同論文
(3) 多賀太『男らしさの社会学――揺らぐ男のライフコース』(Sekaishiso seminar)、世界思想社、二〇〇六年、一八二―一八五ページ
(4) 伊藤公雄『男性学入門』作品社、一九九六年、三一四―三一五ページ

# 2 「ぼくらの非モテ研究会」のはじまり

西井 開

## 1 市民団体Re-Design For Menの立ち上げ

二〇一六年六月。Hさんと私は、男性が語り合う場を作る市民団体 Re-Design For Men を立ち上げた。活動内容として、メンズリブ研究会を下敷きに、毎回テーマを決めた月一回の語り合いグループ「男の勉強会」を開くことにした。

といっても、団体名や活動内容・理念などを最初から念入りに準備したわけではない。仮でもいいので団体名を登録さえしてしまえば、仙台市の男女共同参画センターのフリースペースを無料で使うことができたので、とにかく団体を作ろうということになったのだ。

こうしてある程度整ったグループを立ち上げると、せっかく開くのだから多くの人に参加してもらいたいという欲望がむくむくと湧き上がってきて困った。この欲望に巻き込まれると、参加者が少なかったときに自分で勝手に「失敗」と見なして意欲が下がってしまう恐れがある。しかし本当は多くの人数を集めることよりも、どれだけ継続できるかが団体の運営で重要になってくるのだと

写真1　男の勉強会の様子

思う。

広報は知り合いの何人かに声をかけ、あとは「Facebook」で宣伝もしてみた。私の前の職場の同僚や、当時無職だった私のカウンセリングを担当していたハローワークのキャリアカウンセラー、さらに彼らの知り合いなど、口コミで徐々に参加者が増え、多いときで十五人ほどの男性が集まった。「男らしさとは何か」「プライド／劣等感」「性欲」「仕事」「暴力」などをテーマに語り合った。遠藤恵子さんや仙台市男女共同参画センターの方々にも温かく受け入れられた。

一方、活動を受け入れられないこともときにはあって、「男らしさに縛られた男性のために」という文句で広報をしていたのだけれど、「そういう男性っていますよね〜」と自分のことを完全に棚に上げる男性や、私たちの集まりに対して「カルトっぽい」と嫌悪する男性もいた。そこには、男性だけで集まってただ語り合うことへの奇異の感覚があったのだろう。

## 2　語れない男？

「男は語れない」。男性学や男性性研究の分野で「男が自分の弱音や感情を表出することを苦手としている、もしくは表出しようとしない」という問題提起は数多くなされてきた。前述した伊藤公雄の『男性学入門』によると、独立や競争を宿命づけられてきた男性たちは、「他者との共感能力が女性よりも劣」り、特に「感情を相手に伝えるというコミュニケーション能力は、しばしば男性に欠如している場合が多い」[1]という。同様の問題は心理学の分野でも言及され、男性心理学者の林真一郎は、男性はマイルドなアレキシサイミア（失感情言語化症）の傾向があることを統計的分析から明らかにしている。[2]

こうした男性の語れなさという傾向を緩める手段として語り合いグループは機能する。例えば、臨床社会学者の中村正は、子どもを虐待した父親の脱暴力グループを実践し、「社会における男性同士の集団とは異なるモードを意図的に設定」することで「職場の同僚や親しい友人にも話せないことが自然と出てくる」[3]という。同様の感覚を、Re-Design For Men の活動でも感じることがあった。

「男の勉強会」が始まった当初、参加者は自分の経験ではなく一般論を語ることが多かったのだが、回を追うごとに髪の毛が薄いことへの羞恥心を語る参加者や、親から兄弟たちと比べられて苦しい思いをしたと話す参加者が現れだした。「男の勉強会」は、多様な年齢・背景の男性同士の交流を生み出し、また普段は語ることがない話題を話し合う豊かな活動になっていった。

ただ、メンズリブ研究会がそうだったように、参加者の差異性によって語り合いがうまくいかないときもあった。忘れられない経験がある。「男と童貞」というテーマで会を設けたときのこと。普段よく参加するメンバーに加えて、これまで恋人ができたことがないという男子大学生数人と、恰幅のいい中年男性が参加していた。童貞であることへの不安や焦りをそれぞれが話していると、その中年男性が自信たっぷりに語りだした。

「いや、ね、セックスってのは男と女の愛の確認行為なんだよ。経験するに越したことはないよね」。恋愛経験がない参加者に対するそのマウンティングぶりにギョッとしたが、当時の私にそれを止める力はなく、彼は悠々と語って帰っていった。後日、参加してくれた学生たちが帰ったあと泣いていたという話を共通の知人から聞いた。主催者として悔やんでも悔やみきれない経験だった。

グループ活動を通してわかったが、男たちはあらゆる尺度で自分と他者を比べている。学歴、スポーツ、職業、収入、性経験、結婚の早さ、髪の毛の多さ、背の高さ、社交性、乗っている車……。こうした比較軸の背景には、知らず知らずのうちに男性たちに内在化された「あるべき男性像」が存在している。

そして「あるべき男性像」から逸脱した特徴を持つ男性ほど、男性内で優劣をつける規範に苦しめられ、語りを押し込められ、自己否定に至ってしまう。マジョリティとして社会に位置づけられる男性のなかでも周縁に追いやられる傾向にある男性たちが、こうした価値観や規範を問い直し、自己肯定に向かう回路を模索したいと私は考えるようになった。

## 3 ぼくらの非モテ研究会のはじまり

本格的に男性の問題に取り組みたいという理由から、私は「男の勉強会(4)」をほかのメンバーに託して関西の大学院に進学した。その入試勉強の過程で、「べてるの家」という興味深い語り合いをおこなう当事者団体があることを知った。

べてるの家は北海道浦河町にある、統合失調症やうつ病などの精神障害を抱えた当事者の活動拠点で、一九八四年に発足した。当事者が中心になって共同生活を送り、名産である日高昆布の販売活動などをおこなっている。またべてるの家では、メンバーたちが自分たちの経験している幻覚や妄想を隠すのではなく、外に向けて披露しあう「幻覚&妄想大会」というユニークなイベントを開いている。臨床社会学者の野口裕二によると、幻覚や妄想を無理に治すのではなく、仲間とともに語り合い共有することで「そのひとの生きる世界の重要な一部として理解されるようになる」[5]という。

こうした文化のもとで発案されたのが「当事者研究」という活動である。べてるの家の発起人の一人であるソーシャルワーカーの向谷地生良は当事者研究について、以下のように説明している。

当事者研究は、統合失調症や依存症などの精神障害を持ちながら暮らす中で見出した生きづらさや体験(いわゆる〝問題〟や苦労、成功体験)を持ち寄り、それを研究テーマとして再構成し、背景にある事がらや経験、意味等を見極め、自分らしいユニークな発想で、仲間や関係者と一緒になってその人に合った〝自分の助け方〟や理解を見出していこうとする研究活動としてはじまりました。その当事者研究との出会いを熊谷晋一郎さんと綾屋紗月さんは「人に理解されない病気の苦労を長年抱えてきた仲間。専門家による描写や言説をいったん脇に置き、他者にわかるように自分の体験を内側から語る作業を続けている仲間」（つながりの作法　ＮＨＫ出版生活人白書2010）と表現しています。(6)

私がべてるの家を知った二〇一七年当時、当事者研究は発達障害やアディクションの領域にも広がり、メンタルヘルスの界隈ではある種のブームになっていた。その影響も手伝って、私はその実践に引き付けられた。

なかでも印象深かったのが、専門家による描写や言説を脇に置くという発想である。社会のなかでより「正当」と見なされる強い言葉から距離をとって、当事者が生きた経験を紡いでいく。それはまさに「あるべき男性像」に縛られて周縁に追いやられる傾向にある男性たちに必要な文化に思われた。

仕事ができない、経済力が低い、うまくコミュニケーションがとれない、性経験がない、未婚である、なんらかの被害を受けたことがある、すぐに苛立ってしまう、背が低い、髪の毛が少ない、社交性が低い……。

こうした「あるべき男性像」からのずれは、ときに男性たちに負の感情をもたらす。ところがそうした経験や感情はなかなか公にならず、共有されない。「なんでそんなことで悩んでるの?」「気にするからいけないんだ」と言われる危険もある。その結果、ずっと一人の世界だけでそのずれについて悶々と悩み続けたり、もしくは目を背けたり否定したりして、結果的に自分と他者を傷つけてしまう可能性がある。

既存の言説から距離をとって、人に理解されない苦悩のメカニズムや自分の助け方を仲間とともに探る——この当事者研究という活動は、自己否定感や不安を抱える男性たち（それは私でもある）にとって、何かしらの影響を与えるのではないかと考えた。

同時に、私には気になっていることがあった。先ほど「男性は自らを語れない」という傾向について述べたが、その男性たちが自身の恥部とも言える内面部分を率先して語るムーブメントがあることに気づいた。それが「非モテ」という言葉を媒介にしたネット上の言説である。もしかしたらこの「非モテ」をテーマにすれば、周縁化された男性たちがさらに豊かに語り合えるコミュニティができるのではないかと考え始めた。

そして二〇一七年十二月二十四日、当事者研究を応用した「ぼくらの非モテ研究会」の第一回を豊中市の男女共同参画センターすてっぷ（大阪府）で開催した。参加者は私を含むたったの三人。奇妙なグループがスタートした。

注

（1）伊藤公雄『男性学入門』作品社、一九九六年、一一二―一一三ページ

（2）林真一郎『男性役割と感情制御』風間書房、二〇〇五年

（3）中村正「男性のためのグループグループワーク——DV加害男性、虐待親、性犯罪者たちとのセッションの経験から」、日本集団精神療法学会編「集団精神療法」第二十五巻第一号、日本集団精神療法学会、二〇〇九年、三二―三九ページ

（4）現在は休止中。
（5）野口裕二『物語としてのケア――ナラティヴ・アプローチの世界へ』（シリーズケアをひらく）、医学書院、二〇〇二年、一七三―一七五ページ
（6）向谷地生良「当事者研究とは――当事者研究の理念と構成」「当事者研究ネットワーク」（https://toukennet.jp/?page_id=56）［二〇二〇年七月十五日アクセス］

# 3 実践に学ぶ：2
# 精神障害者コミュニティ「べてるの家」

西井 開

## 1 べてるの家のフィールドワーク

二〇一八年三月。「ぼくらの非モテ研究会」（非モテ研）を開始してから四カ月がたった。私はオリジナルの当事者研究を肌で感じるために、発祥の地「べてるの家」がある北海道浦河町に向かった。精神障害をオープンに語り、当事者自身が問題への解決を目指すべてるの家の取り組みは、その独自性から世界的に注目され毎年多くの見学者が集う。

新千歳空港からレンタカーで浦河町へ向かいビジネスホテルで一泊。予想に反して春先の北海道は暖かく、雪もだいぶとけていた。

翌日、朝九時十五分からミーティングが始まるというので九時には着くようにしたが、時間になってもミーティングはなかなか始まらない。べてるの家の活動はとにかく緩い。朝のミーティングでは各メンバーがその日におこなう活動や仕事を確認しあうのだが、すべて自己申告で誰も口を挟まない。それぞれが自分の調子を見ながらスケジュールを決める。

ミーティング後、実際に当事者研究にも参加させてもらった。その日は四人のメンバーがグループの前に出て、「水を飲めという幻聴に悩まされている」「何をしてもいいと言われるのがつらい」など、自分の〈苦労〉を発表。それを周りから質問を受けて掘り下げ、アドバイスをもらうという形式で進んだ。[1] 全員で結論を出すわけではない。この日は〈苦労〉のパターンが研究され、〈苦労〉を解決するためのデータ集めや実験案が様々に提案されていた。

注目したのは、〈苦労〉に対するメンバーたちの感度の高さと付き合い方だ。べてるの家の人たちは、精神障害にまつわる〈苦労〉だけでなく、多くの人が取りこぼしてしまいそうなわずかな違和感や疲労にも目を向け、自分を知るための資源としてすぐに「研究」の俎上に載せる。もしかしたら、それらを言葉にせずにため込むことがよくない結果につながることを彼らは経験的にわかっているのかもしれない。

〈苦労〉との付き合い方に関して、べてるの家の当事者研究は非常にユニークな手段をとっている。その一つが「外在化」という実践である。メンバーたちは自身が体験している幻聴・幻覚に「幻聴さん」という名前をつけ、当事者研究を通して「幻聴さん」とのよりいい付き合い方を探求する。そのとき、以前は医者から「幻聴という問題症状が内在した患者」として見なされていたメンバーは、「幻聴という問題を自身から切り離して（外在化して）その付き合い方を考える当事者」という主体的な存在になる。

また、問題のただなかにいるときとは違って、外在化を通して問題から距離を置くことで問題が起きるメカニズムが見えてくる。それどころか問題の見え方そのものが変わってくることもある。べてるの家のメンバーのなかには「幻聴さんが語りかけてくれたことで、自分の寂しさが埋まった」という人もいて面白かった。

ところで、当事者研究の場は大変にぎやかだ。全員が静かに発話者の語りを聞くなんてことはない。なかにはあさっての方向を見て一人語りをしている人や、隣の席の人とぺちゃくちゃ話している人もいる。しかし全く話を聞いていないというわけでもない。

彼らは自分の関心があること、自分と近い体験をしている人の話はちゃんと聞いていて、質問したりアドバイスしたりして、自分と同じような体験に対して「あるある」と言って笑い合う。緩やかな研究会の進行が、自身の〈苦労〉を語り出せる雰囲気を醸成しているように感じた。

当事者研究や昆布詰めの作業を体験して、振り返りのミーティングが終わったころ、被害妄想を抱いていたというあるメンバーと話す機会があった。大手企業で上司からプレッシャーをかけられて精神的にまいってしまったという過去を持つ彼は、べてるの家に来たころ、疑心をべてるの家のスタッフにも向け、「これだけいいところと言われているのだから、利用者を都合よく搾取しているんだろう」と考えるようになったのだという。そして、その秘密を暴くために職員のカバンをひっくり返す、ほかの利用者をにらみつける、といった行動を繰り返し、ほかのメンバーたちから避けられていった。それでもある一人の仲間が彼を見捨てず、彼は数年かけてようやく当事者研究を始めて、自分の行動を修正していったのだという。

彼は自分の問題を受け止め、その後の行動を変容させることで、他者に対してやらかした迷惑行為の責任を示した。そこには責任を他者から〝とらされる〟のではなく、責任を自ら〝引き受ける〟能動性を見て取れた。

以上のべてるの家のフィールドワークは、ブームに乗っかって当事者研究を技法としてしか捉えていなかった私にとって実りが多いものになった。べてるの家のメンバーは、医者や支援者、多数派の人々から一方的に介入されるのではなく、逸脱を受容しながら主体的に自分の問題に向かい合う。当事者の生を豊かにする文化がそこにはあった。

注

(1) べてるの家のソーシャルワーカーである向谷地生良によると、当事者研究は「①〈問題〉と人との、切り離し作業、②自己病名をつける、③苦労のパターン・プロセス・構造の解明、④自分の助け方や守り方の具体的な方法を考え、場面を作って練習する、⑤結果の検証」の五段階に分けられるという(浦河べてるの家『べてるの家の「当事者研究」』〔シリーズケアをひらく〕、医学書院、二〇〇五年)。

# 4 「ぼくらの非モテ研究会」の実践

西井 開

## 1 本格始動

べてるの家でのフィールドワークと時期を同じくして、私は本格的に「ぼくらの非モテ研究会」(非モテ研) の活動を始めた。二回目からはグループの目的もきちんと設定し、参加者が目的や会のルールを確認できるワークシートも準備した。

SNS (ソーシャル・ネットワーキング・サービス) で広報も始め、その結果、それぞれの非モテ経験を語り合う第二回には七人もの参加者が集まった。

そこからは月に一、二回のペースで非モテ研を開き、二〇二〇年七月までに通算三十九回グループを開催している。参加者数は毎回平均八人、第一回から三十九回にかけて実参加者数は百人程度、延べ三百人程度にのぼる。参加者は徐々に増えてきていて、非モテ研にはどうやら最近モテ期が到来したらしい。

## 2 「非モテ」を定義しない

「非モテ」とは、本来多義的な言葉である。恋人がこれまで一度もできていない〈状態〉を指すこともあれば、特定の（それも人によって異なる）〈特徴〉を持つ人を「非モテ」と呼ぶ場合もある。

ワークシート

あなたの恋愛挫折経験や、恋愛における困ったこと、今困っていることを箇条書きでいいので書いてみてください。

メモ

ぼくらの非モテ研究会 vol.2

この回はいわゆるモテ講座ではありません。「非モテ意識はなぜ生まれるのか」「どうしたら非モテの苦悩から抜け出すことができるのか」などをテーマに自分を研究対象にし、あわよくば生きやすくなる方法を見つけることを目指します。

研究会の進め方

①自己紹介
②ワークシートの作成
③１人ずつ発表→コメント、質問
④発見・感想を言い合う

グランドルール

・皆さん自身が研究者です
・正解は1つではありません
・人の話をさえぎらない、否定しない
・一般論ではなく、自分の出来事や感情を語る
・話したくなかったらパスあり
・人の話はもらすのはナシ
・自分の研究結果を発信するのは大いにアリ

図1　第2回ぼくらの非モテ研究会ワークシート

恋人はいないけれど幸せな人生を送っている人もいるし、結婚していても非モテの苦悩にとらわれ続ける人もいる。その中身は個人の主観によって全く変わってくる。

そこで非モテ研では、あえて「非モテ」を定義していない。定義してしまえば、「真の非モテ」をめぐる男性たちの分断が起きかねないと考えたからである。

また、この「定義しない」という選択は思わぬ効果をもたらした。非モテ研に参加するメンバーたちが、「非モテ」という言葉をきっかけとして、モテない悩みだけでなく様々な経験や感情、そして欲望を語り始めたのである。「非モテ」という曖昧な言葉は、名状しがたい男性たちの生きづらさを語りだすための呼び水になった。

## 3　非モテ研の参加者概要とグループ構造

非モテ研参加者の概要を見ていこう。非モテ研は参加者を毎回新たに募集するオープングループで、広報は「Twitter」や「Facebook」といったSNSを利用している（どうやら「Facebook」よりも「Twitter」のほうが「非モテ」男性の層と親和性が高いことがあとからわかった）。また、前回の参加者が知人・友人を連れてくることもある。

参加対象は、性別については「性自認が男性寄りの方」を基本とし、そのほか「非モテで悩んでいる方」「人とのコミュニケーションで悩んでいる方」「なんとなく男として生きづらい方」など緩やかな条件を設定している。年齢に制限は設けていないが、二十代から三十代が比較的多い。

また、テーマに応じて性別関係なく参加できる回もときおり設けている[1]。というのも、活動を継続していると「女性も参加できないですか」という問い合わせが複数あったためである。女性にも「非モテ」という言葉を介した語り合いが必要なのかもしれない。そして性別関係なく参加できる回は、参加者たちが相互交流しながら互いの差異に気づいていける環境へと発展し、性自認を限定した回とはまた別のよさを持っている。

以下に記載する参加者のセクシュアリティや障害、その他の当事者性は、語りのうえで必要な情報として参加者自ら言及したものである。

「性自認が男性寄りの方」を対象にした回には、参加者はシスジェンダー（性自認と出生時に割り当てられた性が一致している）・ヘテロセクシュアル（異性愛）の男性に限らず、ゲイやアセクシャルの男性、トランスジェンダーの男性（FtM）も参加している。

発達障害や精神障害の診断が出ている当事者や吃音の当事者もいて、また不登校経験があるメンバーも少なくない。フリーター、ニート、学生、会社員など様々な背景のメンバーが参加している。また、交際経験がある人もなかにはいて、パートナーがいる人も参加している。彼らは、過去の清算しきれていない「非モテ」の悩みを話したり、また現在のパートナーとの困りごとを話す。

グループへの参加回数にはばらつきがあり、一度きりの参加で来なくなった人もいれば、繰り返し参加するリピーターも少なくない。リピーターのなかには、非モテ研に深くコミットするようになったメンバーもいる。基本的に私が会場の確保やテーマ設定、ワークシートの準備、広報などを中心的に担っているが、彼らコアメンバーと定期的に運営会議のようなものを開いて、今後のテーマやグループの方向性などを話し合っている。

ファシリテーターに関しては基本的には私が担っていたが、一人で継続しておこなうには負担がかかりすぎることがわかってきたので、最近ではメンバー内で持ち回りでおこなうことになった。

開催場所は男女共同参画センターの研修室を利用していて、十五人程度が入れるクローズドな空間で実施している。長机をU字型に並べ、お互いの顔とホワイトボードが見えるように配置する。

時間は毎回午後六時半から八時半まで、二時間おこなう。参加人数が多かったり、話題が盛り上がったりすると、三十分以上延びることもある。

## 4 「非モテ」の当事者研究――テーマ研究

ここから、非モテ研の当事者研究の内容について書いていこう。研究会の開催一覧は表1にまとめた。

非モテ研の当事者研究は、発達障害者の当事者研究会である「おとえもじて」[2]の実践を参考に「テーマ研究」と「個人研究」に分け、毎回どちらかを設定して実践している。

テーマ研究は、事前に一つのテーマを決めて広報し、そのテーマに関心がある参加者たちがテーマに沿って順に自分のエピソードを語る形式になっている。テーマは毎回異なり、メンバーから特定のテーマでやりたいという提案がなされる場合もあれば、私が独断で決めている場合もある。

テーマは大きく抽象度が高いテーマ（「非モテエピソード」「非モテグラフ」など）と、具体度が高

表1　ぼくらの非モテ研究会開催一覧

| | 日程 | テーマ | 内容 |
|---|---|---|---|
| 第1回 | 2017/12/24 | 「非モテ」とは何か | 「非モテ」の定義について。 |
| 第2回 | 2018/2/24 | 「非モテ」のエピソード | 「非モテ」という言葉から連想される個人のエピソードについて。 |
| 第3回 | 3/11 | 「非モテ」グラフを書こう | 「非モテ」の苦悩を折れ線グラフで表して、エピソードとともに発表。 |
| 第4回 | 4/7 | 一発逆転の研究 | 一発逆転する前の状態、一発逆転の条件、一発逆転後の希望について（一発逆転については後述）。 |
| 第5回 | 4/21 | 「非モテ」に影響を与えた1冊 | 漫画、アニメ、文学、ゲーム、ポルノグラフィなど、自分の「非モテ」観に影響を与えたと考えられる作品を発表。 |
| 第6回 | 5/5 | 「非モテ」とは何か（性別問わず） | 「非モテ」の定義について。 |
| 第7回 | 5/19 | ポエム発表会 | 好きな女性に送った好意的なメッセージについて、エピソードとともに発表。 |
| 第8回 | 6/10 | 振り返り | これまでの非モテ研の振り返り。 |
| 第9回 | 6/23 | 家族のこと | 家族をテーマにした漫画を読み合わせ、そこから連想されることを発表。 |
| 第10回 | 7/9 | マスターベーション!!! | 自慰行為について。 |
| 第11回 | 7/22 | 友達の研究 | 友達との関係性について。 |
| 第12回 | 8/11 | 「非モテ」のエピソード(性別問わず) | 「非モテ」という言葉から連想される個人のエピソードについて。 |
| 第13回 | 9/16 | 私たちにモテ以外の享楽はあるか | 趣味など普段打ち込んでいることについて。 |
| 第14回 | 10/13 | 個人研究 | 参加者のうち2人が自身の困りごとについて発表。 |
| 第15回 | 10/27 | 個人研究 | 参加者のうち3人が自身の困りごとについて発表。 |
| 第16回 | 11/10 | 過去のこと | 現在の苦悩に関係していると考えられる過去のエピソードについて。 |
| 第17回 | 12/1 | インセル事件とはなんだったか（性別問わず） | 2018年4月にカナダで起きた、「インセル」を名乗る男性による殺人事件について。 |
| 第18回 | 12/24 | 1周年特別企画 | ソシオドラマとクリスマス映画会。 |

| | | | |
|---|---|---|---|
| 第19回 | 2019/1/27 | 個人研究 | 参加者のうち3人が自身の困りごとについて発表。 |
| 第20回 | 2/16 | 「非モテ」歌会 | 自身のエピソードを短歌にしたためて発表。 |
| 第21回 | 3/9 | 変わった性的欲望の会(性別問わず) | 小児性愛、ハードポルノなど逸脱的と見なされる自身の欲望について。 |
| 第22回 | 4/29 | 「非モテ」グラフを書こう | 「非モテ」の苦悩を折れ線グラフで表して、エピソードとともに発表。 |
| 第23回 | 5/14 | アライさんとして語ろう(性別問わず) | アニメキャラになりきって日常では語りにくい話題を語り合う。 |
| 第24回 | 5/26 | MAを学んでモテを目指そう! | マイクロアグレッションを学ぶワークショップ。 |
| 第25回 | 6/22 | オープンダイアローグ(性別問わず) | オープンダイアローグを応用した当事者研究。 |
| 第26回 | 7/15 | 即興劇(性別問わず) | 即興劇を応用した当事者研究。 |
| 第27回 | 8/13 | マスターベーション!!! | 自慰行為について。 |
| 第28回 | 9/1 | 男の身体 | 男性器、筋肉、肌、毛など自身の身体について。 |
| 第29回 | 9/15 | MeToo取り乱し | MeToo運動への恐怖について。 |
| 第30回 | 10/5 | 振り返り | 非モテ研での変化、改善点、気づきなどを共有。 |
| 第31回 | 10/19 | 「非モテ」のエピソード | 「非モテ」という言葉から連想される個人のエピソードについて。 |
| 第32回 | 11/16 | 個人研究 | 参加者のうち2人が自身の困りごとについて発表。 |
| 第33回 | 12/8 | からかい・いじりの研究 | からかいを受けた経験について。 |
| 第34回 | 2020/1/18 | わたしたちのちんちん | ペニス経験について。 |
| 第35回 | 2/12 | 失恋のその後研究 | 失恋のその後をどう生き延びてきたのかを語り合う。 |
| 第36回 | 3/1 | 孤立 | 学校などのコミュニティで孤立した経験や経緯を語り合う。 |
| 第37回 | 3/22 | 個人研究 | 参加者のうち3人が自身の困りごとについて発表。 |
| 第38回 | 4/18 | 自粛と性欲 | 初のオンライン開催。 |
| 第39回 | 7/24 | 妄想発表会 | 性的な妄想や他者に対する妄想を発表。 |

いテーマ（「家族」「ポエム」「友人関係」「いじり・からかい」など）に分けられる。

前述したとおり「非モテ」という言葉は個人で捉え方が異なるが、その一方で画一的なストーリーも備えている。例えば「自分はモテないからつらい」「恋人さえいれば幸せになれる」という既存のわかりやすい思考を呼び込み、参加者たちをそのストーリーに縛り付けてそれ以上話が展開しない可能性がある。

ところが、抽象度が高いテーマをもとにエピソードを語り合っていくと、既存のストーリーから離れた話題がまるで寄り道するかのように現れ、グループ内で盛り上がる瞬間がある。その話題を抽出し、次回以降の「具体度が高いテーマ」として設定する。実際に抽象度が高いテーマでおこなわれた当事者研究の様子を抜粋してみよう。

### 抽象度が高いテーマ研究

足達龍彦　モテたかったら男らしくせなあかんっていう価値観があると思うんですけど、それに合わせてた自分がいたんですけど、そうじゃなくてもいいいや、自分の繊細な感性を大事にしてもいいやと思えるようになったんですね。

マイル　女性との関わりで繊細さがあるっていうのはプラスにはたらきそうだと思うんですね。でも昔からの価値観では豪快な男のほうがモテるっていうのがあって、その差異が面白いなって。

足達　自分の親が繊細さとかを出したらいやがるっていうか、喜んでくれる親じゃなかったんですね。

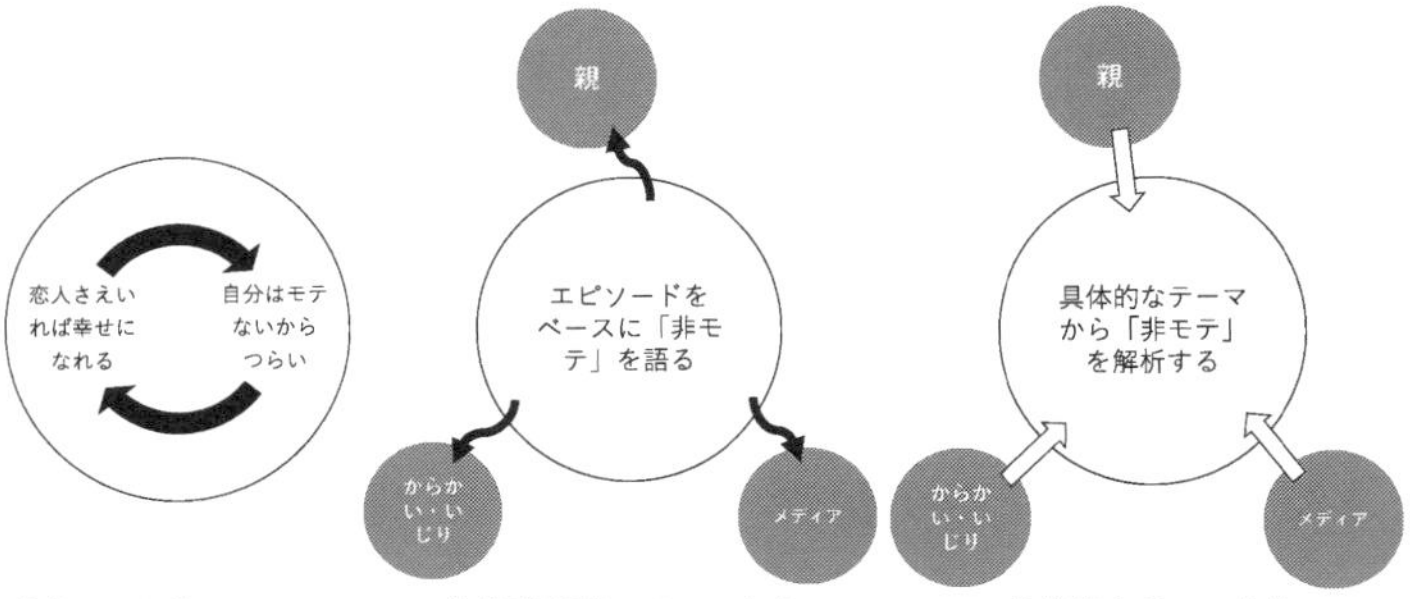
「非モテ」をテーマにして語り続けた場合
抽象度が高いテーマから具体的な話題を抽出する
具体的なテーマから非モテを解析する

図2　非モテ研のテーマ設定の方法

ハーシー　お父さんも豪快な人だったんですか？
足達　父は本来繊細な人だと思うんですけど、それをわりと抑え込んでる人でしたね。
西井開　いやがられるって、どんな感じでいやがられてたんですか？
足達　僕は風邪をひいたらすごくしんどくなったりするんですけど、「お前男やろ、もっとしっかりしろ」みたいな。

足達さんは当初「モテるためには男らしくしなければならないという規範」について話をしていたが、話を進めるにつれて、その規範を押し付けてきた父の存在が明らかになってきた。

このやりとりから、「非モテ」という苦悩には親の存在が関わってくるのではないかという発想が生まれ、第九回に「家族のこと」という具体度が高いテーマを扱うことになった。そして親の問題を掘り下げていくことで、新たな「非モテ」男性の生活世界の一面が明らかになった。

以上の流れを図示すると図2のようになる。「非モテ」をテーマにずっと語っていても、社会的に作り出された既存の説明に終始しがちで話は展開していかない。一方、抽象度が高いテーマをもとに自分のエピソードを語ると、イレギュラーな話題が生まれる。そうして抽出された具体的なテーマ、「親」「メディア」「いじり・からかい」といった問題から、今度は逆方向に「非モテ」という現象を分析する。こうすることで、より多角的に「非モテ」男性の苦悩を探ることができるのである。

## 5 「非モテ」の当事者研究――個人研究

一方、個人研究には決まったテーマはない。参加者たちはいま現在抱えている自分の苦労を発表し、そのメカニズムを参加者全員で掘り下げ、対処法を探り出す。個人研究用ワークシートを書いて、参加者全員がそれぞれの研究テーマを発表する。その後、そのなかから参加者の希望に応じて二つ三つを取り上げ、個人研究をおこなう。そのため、テーマ研究と違って全員が自分の体験を話すということにはならない。

これまでにポルノグラフィの鑑賞で時間を浪費してしまう「ポルノ耽溺の研究」や、思いを寄せる女性に対して一方的にプレゼントを渡すなどの行為をし続けた結果、精神的に疲弊し、相手との関係もうまくいかなくなる「尽くして壊れるの研究」を取り上げてきた。

〈これまでの個人研究のテーマ例〉

当事者研究シート

| |
|---|
| 研究テーマ「　　　　　　　　　　」の研究 |
| 悩み・苦労の内容 |
| 苦労・悩みのエピソード |
| なかまの意見（エピソードと似た経験・自分助けの方法） |
| 実験計画 |

図3　個人研究用ワークシート

「好きな人にうまく関われない」の研究
「尽くして壊れる」の研究
「女子からひんしゅくを買っているのか？」の研究
「テンプレート的な会話しかできない」の研究
「風俗に行ってもいまのところ一〇〇パーセント虚しいのに一縷の可能性を見いだしてまた行きたくなってしまう」の研究

## 6 当事者研究の流れ

テーマ研究、個人研究とも「①ルールの確認、②自己紹介、③ワークシート作成、④発表、⑤クロストーク、⑥発見・感想の報告」という流れでおこなっている。以下、詳細を見ていく。

①ルールの確認

ルールは「人の話をさえぎらない、否定しない」「できるだけ一般論やどこかで聞いた知識よりも自分のエピソードをもとに語る」「話したくなかったらパスあり」「人の話をもらすのはナシ」「自分の研究結果を発信するのは大いにアリ」の五つを設定し、ほかにルールを設定すべきか参加者に確認している。また、途中入退出できることや、立ち歩いていいことも確認している。

②自己紹介

自己紹介では、「この会で呼ばれたい名前」と、「好きな食べ物」や「最近あったよかったこと」など、毎回変わるお題について話してもらう。

③ワークシート作成

ワークシートはそのときのテーマによって若干形式が異なるものの、基本的にはテーマに沿った質問と、自身のエピソードや図を書き込むための枠を書いている。これはメンズサポートルーム大阪の手法を取り入れている。自由に語り合う形式では男性の語りは一般論に偏りがちという問題が懸念されたため、まずワークシートに自身の過去を振り返って書き出すという作業を一度挟むと、経験をベースにした語りを誘発できると考えた。ワークシートがないほうが語りやすい人がいることも想定されるので、検討の余地がある。

④発表

テーマ研究、個人研究ともに、個人が話す間、ファシリテーターがときに促したりすることはあっても基本的に誰も話をさえぎったり、意見を挟んだりしない会話形式を採用している。これは発言力がある参加者や何度も来ている継続参加者ばかりが話してしまうことや、新規参加者の語りが誘導されてしまうことを防ぐ意味合いがある。参加する誰しもが対等に話をし、聞き届けられる権利を持っている。

⑤クロストーク

一通り話し手が語り終えたあとに、ほかの参加者が質問やコメントをする。当事者研究では質問が重視されていて、話し手の体験が他者からの質問によってより鮮明になる。聞き手は自身のなかにある似たようなエピソードを想起して、それを語り出すことでお互いを刺激しあう相互作用が生まれる。

⑥発見・感想の報告

ワークの最後には研究をしたうえでの発見や感想を共有しあう。

## 7 ホワイトボード

「べてるの家のフィールドワーク」で紹介した、問題と個人を切り離す「外在化」は図示することでより促される。発達障害者の当事者研究を実践する綾屋紗月によると、べてるの家の当事者研究でのホワイトボード、女性薬物依存当事者グループである女性ダルクハウスの当事者研究で用いられる付箋と模造紙など、当事者の問題のメカニズムを視覚化させることも、個人が問題から距離を置くための工夫につながっているという。(3)

非モテ研でも、語られた内容は毎回ホワイトボートに書き込むことにしている。またホワイトボードには、自身のエピソードを語る話し手に対して、ほかの参加者たちの視線が集中しないというメリットもある。注目されると、話し手がほかの参加者にどう見られるかを意識してしまうことになり、自由な語りが損なわれる場合がある。また、例えば自分の性に関わるような繊細な話をしているときに誰かから視線を向けられすぎると、心置きなく語れなくなることがある。

その点、話し手―聞き手という二者関係にホワイトボードという第三項を加えることで、視線が語り手に集中することを防ぐ効果がもたらされている。自分の語りに耳を傾けられすぎず、聞き届けられていることがわかっている。これが非モテ研で語るうえで理想な状態だと思われる。

## 8 非モテグラフ

前述した抽象度が高いテーマの一つに「非モテグラフ」というワークがある。非モテグラフは、横軸は年齢、縦軸は「非モテ」の苦悩の高低を表している（図4）。人生でいつ「非モテ」の苦悩が高まり、いつ和らいだのか、それを折れ線グラフで描き表し、その〈山〉と〈谷〉の地点で何があったのか発表する。

苦悩が高まった〈山〉の箇所では、思いを寄せる相手に恋人ができたり振られたりした経験や、その時期は日常的にいじめやパワハ

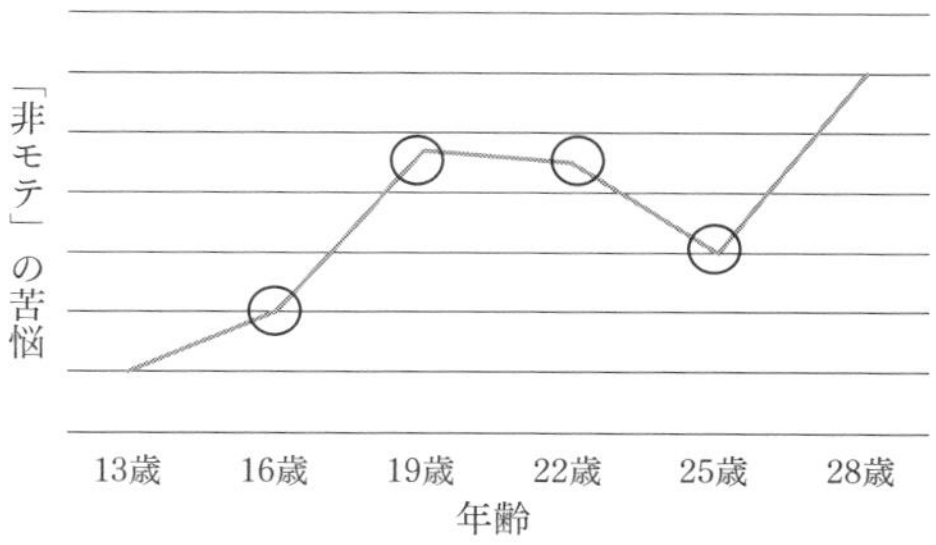


図4　非モテグラフ

ラを受けていたりしたことが語られた。また〈谷〉の部分に着目すると、恋人ができたこと以外に、その時期は部活が楽しかった、友達が増えた、受験勉強に打ち込んでいた、などの経験が語られた。

心理臨床家のマイケル・ホワイトとデビット・エプストンは、「生きられた経験のうち、以前は無視されたものの生き生きとした側面」を「ユニークな結果(unique outcomes)」と名づけ、この経験に気づくことが、「問題のしみ込んだ自己描写」から距離を置き、オルタナティブな物語を新たに展開する可能性を開くと説明する。(4)「恋人がいない自分は駄目でどうしようもない」というストーリーに縛られるのではなく、生き生きとした瞬間を掘り起こす。「非モテグラフ」のワークは、この「ユニークな結果」を発見する契機をもたらしている。

## 9 ドラマセラピー

非モテ研では当事者研究をおこなう際に演劇も用いている。(5)特に個人研究をおこなう際に、その話し手の経験をより具体化させたり、今後の振る舞いを模索したりするためにロールプレイをおこなうことがある。参加者に役割を振って、話し手が苦労や悩みを抱いた当時の状況や、もしかしたら今後起こるかもしれない不安な場面を、演劇として再現してみようというものだ。

同様のアプローチで実生活の苦労を解決することを目指すSST(ソーシャルスキルトレーニング)などのプログラムでは、基本的に苦労を抱える当事者がロールプレイの主人公になる。

一方非モテ研の場合は、当事者が主人公を演じない場合がある。それどころか、役者は全員ほかの参加者で、当事者はただ観客に回ることもある。これはドラマセラピーの技法を応用している。また、特定の個人にスポットを当てるのではなく、グループ全体で共通のテーマを見つけるなどして、架空のストーリーのなかで参加者に演技をしてもらうソシオドラマのワークをおこなうときもある。(6)

ドラマセラピーには、遊び的要素によって人生の豊かさを再発見できる、他者への受容が促進される、抑圧的な感情を距離をとって見ることができる、など多くの意義があるが、なかでも私は、自分ではない他者を演じることによって他者の立場を想像できる点を重視している。

非モテ研では主に女性と関わる場面がロールプレイのテーマになることが多いのだが、例えば男性の参加者に、デートに無理に誘われる女性役をやってもらうなどして、女性への関わり方の問題点や改善点を相手の立場になって考えてもらうのである。その際、男性が見落としがちな女性に対する差別性などにも気づくことができる。

## 10 その他の活動

非モテ研では語り合うということ以外に、短歌会や映画鑑賞、登山、合宿、遠足など多様な活動をおこなっている。こうした活動は私が発案することもあるが、コアメンバーでおこなうミーティングや研究会後の夕食時に提案され実施することもある。例えば非モテ歌会はマイルさんが、そして非モテ登山はハーシーさんが提案してくれた。

写真1　非モテ研の遠足の様子

写真2　非モテ研の登山（イノシシ現る）

秋の深まったころ、「非モテ登山」と称してメンバー数人で六甲山にも行った。思いのほかハードな登山道だし、昼ご飯を食べようとした場所にイノシシは出てくるしと大変な思いをしたが、下山後の有馬温泉のお湯は格別だった。

温泉につかりながら、メンバーのたぬきさんが「登山するのは小学校以来です」と話していた。非モテ研に参加するメンバーのうち、「遊び」にふれてきていない人は少なくない。そして、孤独でつらい時間ほど「モテない自分は駄目だ……」という苦悩を抱いて過ごしている。こうした活動は、他者と遊ぶということを学び直していく過程でもある。

## 11 体験を言い当てる言葉がないこと

ところで、非モテ研の参加者には障害を持つ人や、セクシュアルマイノリティの人もいるが、性別を問わない回を除いて、全員が「男性」というマジョリティ性を持っていて、非モテ研では男性であるがゆえに抱える苦悩や問題についても焦点を当てている。男性性に焦点を当てた当事者研究について、ここで論じておこう。

現行の社会構造のなかで「標準」と位置づけられ、その属性のために制度的・文化的に優遇され、不自由の少ない社会生活を送ることができる層をマジョリティ、逸脱的な存在と見なされ、その属性のために社会資源や雇用機会から疎外されるなど十分な権利を保障されず、暴力を受けたりする傾向にある層をマイノリティと呼ぶ。日本で、日本人／在日外国人、男性／女性、健常者／障害者、異性愛者／同性愛者などが例として挙げられるだろう。ただし人は多様なアイデンティティを持ち、個人をマジョリティかマイノリティかに二分することはできないため、以下で用いる「マジョリティ集団／マイノリティ集団」の分類は便宜的なものである。

こうした一部の属性に抑圧を強いる歴史のなかで、主に一九七〇年代以降、障害者解放運動や女性解放運動など、マイノリティ属性を持つ人々が中心になった運動が盛んにおこなわれてきた。それは「健常者」「異性愛男性」などマジョリティ集団を標準として社会が構成されたために不利益を被ることを余儀なくされた人々が、自分たちが社会のなかでどう位置づけられてきたかを問い直し、主体的に自己と社会の変革を志向する営みと言える。当事者研究はこうしたマイノリティたちの運動の延長にある(7)。

また、熊谷晋一郎によると、制度や直接的な関係での差別に加え、「自分を表す言葉がない」という点でもマイノリティ集団は不遇な状況にあるという(8)。医療や心理療法を含む既存の「言葉」はマジョリティ集団を標準としてしつらえられていて、それに当てはまらないマイノリティの体験は表現することができず、たとえなんらかの苦労や悩みを抱いても周囲に理解されることもなく、なかったことになっていく。それどころか、マジョリティ側の理解の範疇のなかだけでアプローチが適用され、問題がいつまでも解決されないばかりか、当事者が望まない結果になることがある。

マイノリティ集団は、当事者運動や当事者研究という形で同じ属性を持つ者同士でつながって言葉を紡いできた。「異常」と見なされ排除されてきたなかで、同じ身体、病理、性別、民族性、セクシュアリティを持つ者同士で体験を語り合うことで、自分たちの体験を言い表す言葉を作ってきたのである。

## 12 CRグループ

メンズリブ研究会について、女性解放運動で取り組まれていたCR（コンシャスネスレイジング＝意識覚醒）グループの手法を参考にしていたと述べた。グループについて、長らく女性グループを実践してきた臨床心理士の村本邦子は以下のように説明する。

通常CRは一〇名程度の女性たちが、定期的に集まり、テーマを決めて語り合います。リーダーを置かないこと、自分の経験と感情に焦点をあてて話すこと、批判や非難をせずに耳を傾けることなどの基本ルールがあります。CRの最終的な目標は、個別の問題だったものを普遍化し、それは家父長主義や男性中心主義から生じていたことに気づくというところに置かれました。彼女たちは、シスターフッド（女性たちの連帯）をうたい、"The personal is political（個人的なことは政治的である）"を合言葉にしていました。ひとりの女性の問題は、女性たちみんなの問題であり、分かち合い、変えていくことができるのだという考えです。実際、CRを通じて、レイプ、インセスト、ドメスティック・バイオレンスなどが、普遍的な問題であることが明らかになっていきました。それまで、「こんな目に遭っているのは、自分だけだ」と思い、ひとり胸に秘めてきた女性たちが、CRという守られた空間の中で、自らの体験を語り始めたことで、それが個人的な次元を超え、政治的次元とつながっていることを知ったのです。(9)

女性たちはそれまで言い表すことができずに「ただの夫婦げんか」「性的いたずら」と矮小化・無化されてきた被害に「DV」や「セクシュアルハラスメント」と名づけ、それらが普遍性を持つことを共有した。被抑圧や被害を言い当てる言葉を自らの手で作り上げたのである。

彼女たちはこうした言葉を携えて、男性に特権が集中し女性に抑圧を強いる社会の問題を指摘した。CRグループは社会に横たわるジェンダー間の権力構造に焦点を当て、社会変革をも射程に入れたことにその特色がある。

## 13 苦悩する男性の当事者研究

現行の社会構造がマジョリティを「標準」「正常」として構成され、マジョリティ集団が優遇されてきたことを踏まえるならば、マジョリティとしての立場にある「男性」という属性を持つ者たちにとって自分を表現する言葉は十分にあるし、そのうえ自分や自分が身を置く社会構造のあり方を振り返る必要性も浮かび上がらないように思われる。

しかし実際のところ、男性たちが常に「標準」「正常」であり続けられるわけではない。障害やセクシュアリティ、民族性、出身など、性別とはまた別の軸でマイノリティ性を持っていることもあるし、背が低い、学歴が低い、収入が少ないなど、明確に線引きできない要素によって周縁化されている場合もある。こうした男性たちは「男性」という立場による特権を持ってはいても、「標準的な男性像」とは異なるという理由で十分な利益を享受できなかったり、暴力の対象になったりすることがある。

また一方で、ジェンダー間の権力構造のなかで、女性やその他のマイノリティを持つ人と友好的な関係を築けない悩み、意図せず差別・抑圧に加担してしまうのではないかという不安、もしくは直接的な加害行為をしてしまった罪悪感を抱えている場合もある。

男性たちにも苦悩や葛藤、痛み、不安がある。ところが、マジョリティとしての男性たちはそれらを言い表す言葉を十分に持っていない。自身の体験や感情を細かく描写することをあまりしてこなかったし、「正常」であり続けようとするがゆえに、口にすることを避けてきた傾向さえある。差別や加害に向き合い、防止・改善するための蓄積も足りていない。それは女性解放運動を通して言葉を紡いできた女性たちの歴史と対照的だ。

非モテ研は、べてるの家の当事者研究と女性解放運動──メンズリブ研究会のCRの実践を参照しながら苦悩する男性たちの語り合いの場を開いてきた。

参加者たちは、問題を外在化する当事者研究の手法と、同様の経験・感情を持つ者たちとの出会いによって、自分の苦悩を語りだし、これまで埋もれてきた経験や感情を少しずつ整理する。またグループでの語り合いを通じて、自分たちの経験に普遍性があること、つまり男性であるがゆえに抱く苦悩や問題に気づいていく。研究会のなかで一人の参加者が偶発的に発した言葉がほかの参加者の深い共感を呼び、自分が語る順番で同じ言葉を使って自身のエピソードを説明する。その繰り返しによって非モテ研独特の言葉が生まれ、定着していくのである[10]（次節「非モテ研用語辞典」を参照）。それはジェンダーという政治的問題を視野に入れて言葉を作り出したCRの実践と重なるだろう。非モテ研の本質は、悩みに向き合うことと、男性として生きる経験を言葉にしていくことにあると言える。

注

(1) イレギュラーではあるが、第三十四回「わたしたちのちんちん」の際は、ペニス経験の語り合いを重視し、性自認によらずペニスがある、もしくはあった方を参加対象にした。

（2）「おとえもじて」は、ダルク女性ハウスのグループワークミーティングの進行方法を参考にして、「言いっぱなし聞きっぱなし」で進む「テーマ研究」を前半におこない、後半にべてるの家の進行方法を参考にした「かけこみ当事者研究」と称した個人研究をおこなっているという（綾屋紗月「当事者研究をはじめよう！――当事者研究のやり方研究」、熊谷晋一郎編『みんなの当事者研究』〔臨床心理学増刊第九号〕所収、金剛出版、二〇一七年）。

（3）同論文

（4）マイケル・ホワイト／デビット・エプストン『物語としての家族』小森康永訳、金剛出版、一九九二年

（5）「べてるの家」ではSST（ソーシャルスキルトレーニング）のプログラムで、ロールプレイ（役割演技）を採用している。

（6）尾上明代『心ひらくドラマセラピー――自分を表現すればコミュニケーションはもっとうまくいく！』河出書房新社、二〇〇六年

（7）綾屋紗月「当事者研究が受け継ぐべき歴史と理念」、熊谷晋一郎責任編集『当事者研究をはじめよう』（臨床心理学増刊第十一号）所収、金剛出版、二〇一九年

（8）熊谷晋一郎「みんなの当事者研究」、前掲『みんなの当事者研究』所収

（9）村本邦子『援助者のためのグループの理論と実践』（「FLC21援助者ナビ」第一巻）、三学出版、二〇〇二年

（10）月に一、二回しか開かれない非モテ研では、せっかく生まれた言葉が忘れ去られてしまう可能性があるので、紙にまとめて毎回配布し、継承していく工夫をしている。

# 5 非モテ研用語辞典

ぼくらの非モテ研究会

【女神】女性と関わることが少ない環境・人生のなかに突如現れ、声をかけてくれたり優しくしてくれたりする女性を神聖視してそう呼ぶ。〔派生〕①【女神化】一人の女性を女神として位置づけていくこと。これまで女性との交流がほとんどなかった、自己否定的な感覚に陥っている、などの状況で発現しやすい。相手に精神的ケアを過剰に期待してしまう可能性があるので注意。②【女神の人間化】頭のなかで進んだ女神化を緩やかに解きほぐす主体的営み。相手とのコミュニケーションを通じて可能になる。③【殿堂入り】女神化が強化された状態。半永久的に女神化の状態が続く。

【一発逆転】恋人ができれば現在の不遇な状況が挽回され、幸せになることができると考えること。「新しい世界が広がる」「一人前として扱われる」「確実な関係を結ぶことで不安的な自己像が安定する」など、それを一発逆転と見なす理由は多様である。〔用例〕「──したら自分は人生のゴール。幸せな人生を歩めるみたいな思いがある」

【責めてくる声】思いを寄せる相手と一緒にいるときに聞こえてくる「いまを逃すとあとがないぞ」という強迫的な声や、「押せばいける」と焦らせてくる声。社会のなかで広がる男性規範が反映されている可能性がある。

【ポエム】思いを寄せる相手のことをどれだけ慕っているか、どれだけ会いたいかをしたためた文章。詩的な表現を伴うものから、論文調のものまで様々。ときに告白してフラれたあとに長文で送り付ける場合もある。

【ポジティブ妄想】「あの子、絶対俺のこと好き」「あの人はきっとこういう人」など、思いを寄せる相手の性格や自分との関係性を自己充足的に妄想すること。相手との直接的なコミュニケーションではなく、自身の主観によって構成される。妄想するストーリーは、アニメ、ゲーム、漫画の影響を受けている場合がある。頭のなかで繰り返し楽しむが、ときに現実に染み出すことがある。〔類〕【ファンタジー】。〔対〕【ネガティブ後悔】「あのとき、ああしていればいまこんな不幸なことになることはなかった」という後悔の念が頭のなかで繰り返されること。ポジティブ妄想と交互に出現することがある。〔派生〕①【白馬の王子様を待つ】自分からアプローチすることは全くせず、でも向こうから絶対きてくれると思う心理。②【コナン妄想】「週刊少年サンデー」（小学館）に連載している人気少年漫画『名探偵コナン』（青山剛昌、小学館、一九九四年―）に由来する。現時点での経験値や思考能力などがそのままの状態で幼少期に戻り、人生をやり直したら、女性関係を含めてすばらしい人生を歩むことができるのではないかと夢想すること。

【ロマンススイッチが入る】まだ交際関係にない女性とお互いに思い合っていると想定して、強引なアプローチに出ること。その想定は錯覚であることもあり、その場合アプローチは拙速、もしく

は加害的になりがちなので、スイッチが入っているかどうか意識的になる必要がある。〔用例〕「いわゆるそういう感じの空気になったんですよ。これはいっとかんと男がすたるんじゃないかみたいな気持ちになって、でも距離の詰め方が全然わからなくて。お互いに傘を差しながらしゃべってたんですけど、近づくには傘がじゃまでどうしたらいいんだと思って、急に―が入って、傘をかっこよく後ろにバッと放り投げて近づいていったんですけど。相手にすごい怖がられましたね」

【先回り奉仕】相手に頼まれたわけでもなく、相手の気持ちや思いを確認することもなく、よかれと思って贈り物や仕事の肩代わりなどをすること。アルバイトのシフトを代わってあげる、誕生日プレゼントをあげる、重いものを代わりに持つ、など。

【等価交換の法則】【先回り奉仕】に対応する概念。「これだけ相手に尽くしたのだから同じくらい好意が返ってくるはずだ」と押し付けがましく考えること。

【緩い排除】集団内の権力関係を背景におこなわれる排除の一形態。いじめたり非難したりして集団から追い出すような直接的な攻撃や悪意の表出を伴わない。相手に「ここにいるのはおかしいのでは」という困惑した態度や表情を見せることで、暗黙のうちにネガティブなメッセージを伝える形をとる。そのメッセージを受けた側は、居心地が次第に悪くなり、自分から集団を抜けてしまう。

【からかい・いじり】「ぼくらの非モテ研究会」(非モテ研)で多数確認される(他者からの加害)行為。背が低い、運動ができない、声が高い、色が白い、色が黒い、太っているなどを理由として否定的な言葉を投げかけられること。

「オカマ」「ハゲ」「デブ」などの蔑称を伴うこともある。からかう側は遊びでやっているため、からかわれた側はなかなか言い返すことができない。

【幸福否定現象】女性と関わりを持ちたいと思っているのに、偶然関わる機会があってもあえて避ける、あえてつれない態度をとる、などしてしまう現象。

【挽回の筋トレ】失恋やいじめなどの挫折を経験した男性が突如始める筋肉トレーニング。挫折を与えた男性がマッチョだったことが関連しているかもしれないという仮説が提示されている。

【「進研ゼミ」の内面化】子どもがいる各家庭に郵送される「進研ゼミ」の勧誘漫画に由来する。①成績が上がれば何事もうまくいくと考えるようになること。②勉強と同じように、やったらやった分だけ何事も成果がついてくると思い込むこと。

【友達幻想】「心の底からわかり合える関係」「友達はできるだけ多いほうがいい」という幻想を抱いてきたがために、そうではない自分に苦しさを覚えること。「友達百人できるかな」に代表される学校の教育、クラスメートと一緒にいるだけで「仲良し」と見なされる親のまなざしなども影響を与えている。

【不本意出家】本当は外に出て人と関わりたいにもかかわらず、街行くカップルや恋愛サービスの広告などを見るたびに恋人がいないことを突き付けられ、気持ちがふさいで外出を避けるようになること。

【好きな人の名前が入ったものを買ってしまう現象】好きな女性の名前やあだ名を連想させる商品を買ってしまう現象。これを買っていたら相手と良好な関係に発展するのではないか、という願掛け的な意味がある。チョコレート菓子を延々と買い続けていたという経験がこれまでに報告されている。

【電子メッセージの絨毯爆撃】メールや「LINE」などで思いを寄せる相手に繰り返し何度もメッセージを送ること。相手の既読がつかないときなどに発生しやすく、結果的に相手を怯えさせるだけになる。要注意。

【自爆型告白】その人への思いが抑えきれず、相手に断られる、相手をいやな気持ちにさせてしまうと予想しながらもどうしようもなく好意を伝えてしまうこと。深い後悔に襲われることも。

【共有体験による和らぎ】友達と同じ体験をすることで「非モテ」の苦しさが和らぐこと。ボランティアや絵画サークルなどがこれまで報告されている。一方、孤独は「非モテ」の苦悩を助長し、布団のなかで一人SNSをいじるなどするとより加速する。

［イラスト——たぬき］

# 6　個人研究

# セブルス・スネイプの研究
## ——あるいは〝恋と不器用さ〟について

足達龍彦

## はじめに

セブルス・スネイプ——それはイギリスの作家J・K・ローリングによる世界的に有名な児童文学「ハリー・ポッター」シリーズに登場するキャラクターの一人である。

セブルスは当初、主人公ハリー・ポッターたちが通う、魔法使いを育成する教育機関ホグワーツ魔法学校の、悪意ある教師として登場する。陰鬱な雰囲気を常にまとわせながら、セブルスは教師としての特権を用い、事あるごとに生徒の一人であるハリーを厳しく罰しようとする。その執拗さは明らかに教師としての範疇を超えていて、ハリーに対するなんらかの個人的な感情をうかがわせる。

物語の後半、あちこちに配置された伏線が一つの線を描いたとき、読者はセブルスに対する理解の変更を求められる。

セブルスにとってハリー・ポッターという存在は、自分が人生で最も愛した女性と、そして人生で最も嫌悪していた男との間に誕生した子どもである、ということが明かされるのだ。だからセブルスはハリーに対して複雑な感情を抱かざるをえない。セブルスは、ハリーへの憎しみと愛、その両方に引き裂かれている。

そしてセブルスはある重要な局面でハリーをかばい、自分を犠牲にする――彼はハリーに憎しみを抱きながらも、その人生の最後に愛を貫く。

総じて言うと、セブルス・スネイプは不器用な人物だった。そして誰よりも一途だった。自身のなかに複雑な二面性を抱えながら、もう決して成就しない片思いの相手のことだけを最期まで一途に愛し続けていた。

**僕はセブルス・スネイプである！**

このセブルス・スネイプの不器用さに、僕は共感し、同情せざるをえない。僕も好きな人ができて恋をした際、この種の〝不器用さ〟に見舞われることが多いからだ。自己犠牲的な献身、素直に表現できない好意、感情と言動のこじれや不一致……。

ある意味で、僕はセブルスと自分を同一視している。

恋愛に不器用な自分自身をセブルスに投影し、彼のことを愛おしく、自分のことのように感じている。

この僕こそがセブルス・スネイプだ！

## だけどスネイプみたいに死にたくない

だが一方で、僕はそんなセブルスのことをみじめだとも思っている。ちょっと待ってほしい。確かに共感してしまう部分は大いにあるんだけど……。それにしても、このセブルス・スネイプという人物は、いくらなんでも不器用すぎやしないか？できれば僕はもうちょっとでいいから、器用に生きたい。好きだと言えずに悶々として、どんどん気持ちだけが現実の関係性と乖離して、重力を増していく……みたいな片思いは、もう避けたい。

そして何より僕はセブルスみたいに死にたくない！

……そう、僕はセブルスみたいな自分のことをみじめだとも感じている。あんな報われない最期はいやなのだ！

たとえ気持ちが届かなくても、ただただ一途に一人の相手のことを思い続けて、最後はその恋心に報いるために自分を犠牲にして、ボロ雑巾みたいに死んでいく。そんなのはいやだ。

べつに多くは望まないから、せめてありきたりな幸せがほしい。ささやかでいいから、一緒にいると落ち着いて過ごせるパートナーを見つけて、その人と平凡な人生を生きたい。

過剰な愛情、献身的な姿勢、共依存、自己犠牲……。そういうものとは無縁な関係を築きたいのだ。

というわけで、この研究ではいったいどうしたら僕はスネイプ先生と同じ轍を踏まず、生存ルートにたどり着けるのかを考察する。

## 1 苦労のプロフィル

以下、僕に好きな人ができたときに起こりがちな〝困りごと〟のプロフィルについて述べてみる。

### 好きな人に好意を表現することが難しい

一般的には誰かを好きになったとき、次にどういうアクションをとる人が多いのだろう。

僕はやはり、その人と付き合いたいという気持ちが高まることが多い。その人と、パートナーの関係を築きたいと思う。

だから僕は「その人は自分のことをいったいどう感じているのだろう」ということが気になり始める。その人も、僕に対して何か特別な気持ちはあるのだろうか。あるいは、いまはなかったとしても、いずれそれが起こりうる余地が、その人のなかにはあるのだろうか。

あらためて文章にしてみると、この時点で僕は結構思い詰めてしまっているようだ。

とにかく、その人と「付き合いたい」という気持ちが激しく先行している。あるいは、「僕はあの人と付き合うべきなのだ」と、「べき思考」になってしまっているとも言える。

ここから、どうやら「パートナーがいるかどうか」が、僕の人生にはかなり重大事になってしまっている、ということがわかる。

さて、そのように思い詰めている状態で好きな人を前にしたとき、僕はどんなふうに自分を動かすことになるだろうか。

「相手には自分への好意があるのか。あるいはなんらかのアクションによって、その好意を引き起こすことはできそうか」

恋に落ちている状態の僕はその感情の対象を前にしたとき、常に頭に前述の前提を意識しながら行動しているように思う。とにかく、相手から僕への好意の矢印ばかりに注意が向いている。ほかのことを感じる余裕はあまりないようだ。

そして「矢印に意識が向いていること」は、裏返せば「失敗することをとても恐れている」とも言える。そのときの僕は、この矢印の量や質を高めることこそが、いまこの場での振る舞いの意味のすべてだと考えているからだ。

逆に、僕に対する矢印の量や質を低めるような振る舞いは、その場では最も慎むべき行為である。

しかしながら、問題は僕が精神感応（テレパス）能力者ではないということだ。

相手の好意がこちらに向いているか。その答えは、もちろん相手にしかわからない。そしてテレパスではない僕には、その答え合わせをするためのすべがない。相手の言動、仕草……これらをなんとなく判断材料にして、雰囲気でそれを察することはできる。だが、それは「察する」以上でも以下でもない。そして「察する」ことは必然的に誤読の可能性を含んでいる。

僕が発した冗談に対していま彼女は確かに笑っているが、その笑みははたして本当に心からのものだろうか。実はそんなに面白くないんだけど、僕に気を使って、とりあえず形だけの笑みを作っているのかもしれない……。

なんというか、どうやら僕は前述のようなことに常に頭脳を酷使しながら好きな相手とコミュニケーションしているらしい。一方ではさながら量子コンピューターのようにあらゆる可能性に想像力をはたらかせながら、もう一方では目の前の相手とコミュニケーションをとるという離れ業をやってのけている。

そしてそんな大がかりなことをやる必要があるのは、ひとえに相手に嫌われたくないからだ。相手の自分に対する好意の質や量を高め、その逆の機会をなるべく減らしたいからだ。

というわけで、そのとき僕はとても緊張することになる。コミュニケーションに失敗することを恐れながら、そのコミュニケーションに励まなければならない。

二律背反だ。そして僕は緊張すると無口になる。

僕の脳髄量子力学コンピューターは、電撃的なスピードで僕にあらゆる可能性のシミュレーション結果を教えてくれるが、それはつまりどのようなコミュニケーションの仕方を選んだとしても、失敗する可能性がゼロではないことを意味している。

僕が相手の前でなんらかの言動をおこなうことは、「他者」というブラックボックスのなかで、常に僕に対する好感度が下がってしまう可能性をはらんでいる。

しかもブラックボックスは開いて見ることができないので、その答え合わせをすることもかなわない。

結果的に、僕は、なんというか、うまく動けなくなってしまう。

僕は誤作動する。あらゆる可能性に開かれすぎている現在という瞬間に対処できなくなってしまう、という感じだろうか。緊張して、無口になったり、動きがぎこちなくなったりしてしまう。そしてそういうときの僕の姿は、その相手から見ればさぞ奇妙に見えるだろう。意味がわからないだろうし、不気味に見えるかもしれない。

いずれにせよ、そういう僕の動作のぎこちなさは、目の前の相手を困らせてしまうことが多い。まあ、目の前の人が急にそんな変な動きをし始めたらちょっとびっくりしてしまうのは、当然だろう。

また、僕は自身が奇妙な動きをしていることは理解しているし、それによっていま相手が困っていることも理解している。そして理解しているのにうまく動けないので、焦って余計に動作が不自然になっていく。

そして僕は多くの場合、あとになってそのときの自分のぎこちなさを思い出して、自己嫌悪で死にたくなるのである。

## 「好き」を意識すると、不自由になる

ある人に対して「好き」ということを意識すると途端にコミュニケーションが不自由になる、ということがどうやら僕のなかでは起こっているらしい。

その原因の一端については、「好意」が相手にばれてしまうことが怖い、ということが挙げられる。この「好意」は「下心」とも言い換えられるだろう。好きな人に対して、僕は「下心」を持ちながら、相手と関わっている。気を使って重いものを持ってあげたり、優しくしたり……。

このとき相手は、少なくともそんなにいやがっているようには見えない。まあ優しくされて不快に感じる人はあまりいないだろう……それがそれ以上の意味を含まない「優しさ」であれば。

僕はそのとき「下心」から、その相手に優しくしている。

でも、「下心がある」ことで、もしかしたら相手にショックを与えたり、傷つけたりしてしまうかもしれない。「下心」を向けられることは、不快な経験にもなりうることだと思う。「下心」を向けられる立場を想像してみるとわかるが、それはその相手の目的を果たすためのある種の「手段」として自分の存在が使われる、という意味を含んでいるからだ。

もしかしたらそういうことは起こらないのかもしれないけれど、でも僕の好意は、相手を傷つけてしまう可能性が全くないとは言えない。

誰かを好きになったとき、僕はそういう恐怖を抱いてしまう。その恐怖は、先ほどの「誤作動」と無関係ではないと思う。

結果として、僕は好意という「秘密」を抱えながら、その好きな相手と向き合うことになる。

## Aちゃんの迷宮

「好意を伝えることで、相手を傷つけることが怖い」

この恐怖感は、僕の過去の体験に根差している。

詳しいことは省くが、かつて僕がある人（ここでは仮にAちゃんとしておく）のことを好きだったとき、その好意をAちゃんに直接伝えたら泣かれてしまったことがある。そのときAちゃんが言っていたのは、「自分は男性から好意を向けられたら、その人が怖くなってしまう」ということだった。

Aちゃんのなかで何が起こって、僕は恐れられる結果になったのか。それはいまもってよくわからない。

そのことがあってから、Aちゃんとは音信不通になってしまった。結局それがどういうことなのか。僕は何に気をつけるべきだったのか。それがよくわからないままに、いまもその経験は僕のなかで宙ぶらりんになってしまっている。

そのとき僕はどうやらAちゃんを傷つけて彼女に拒絶され、僕自身もまた傷ついてしまった。でも僕らがそれぞれ、いったい何に傷つけられていたのかは、いまも霧のなかだ。

だから僕は、Aちゃんとの間に起こった一連の出来事と、そこに関わりがある自分の心の領域を「Aちゃんの迷宮」と呼んでいる。「Aちゃんの迷宮」が僕が好きな人に好意を伝えることへの恐れを生んでいるのは確かなのだけど、でもそれを自分のなかでどう咀嚼すればいいのか、いまもわからないままだ。

## 2 研究の方法と研究会で出た仮説

二〇一九年一月二十七日開催の第十九回「ぼくらの非モテ研究会」（非モテ研）の「個人研究※性別問わず」で、「セブルス・スネイプの研究」として以上の研究成果を報告し、参加者みんなで話し合った。以下は、そのときに出た意見や、そこで僕が考えたことである。

## 妄想が距離を狂わせる

まず話題になったことは、「妄想が距離感を狂わせてしまう」ということだった。

非モテ研ではすでにこの現象に関して「ファンタジー」という言葉が作られている。ファンタジーとは、卓越した想像力を持つ非モテ当事者が、好きな相手との関係性の余地を使って作り出す脳内ストーリーである。

好きな相手ができたとき、僕は日夜その相手に対するシミュレーションを脳内で繰り広げることになる。「あのとき相手がああいうことを言っていたのはどういう意味だ?」「あの言動にはいったいどういう意味がある?」という類いのことを、泳ぐのをやめられないマグロのようにずっと考えてしまう。

おそらくこのシミュレーションは、相手のことを理解したいために生じる現象だと思われる。相手を理解するための仮説を積み重ね、そこから自分に好意を持ってもらうための方策を演算しているのだ。

しかしながらこのシミュレーションシステムは、僕の経験上、欠陥が多いと言わざるをえない。

このシミュレーションの精度はあまり高くない。先にもふれたように、他者の内面というのはブラックボックスである。親密な関係にあるのならまだしも、「知り合い」程度の関係性では相手の情報があまりにも少ないし、その少ない情報から組み立てられる他者像は、かなり想像の余地が多い、その人本来の実像とズレた、誤解が多い偏った理解によるものになりがちだ。

関係がまだ遠いからこそ相手のことをもっと理解したいと思い、そこを埋めようといろいろと妄想するのだが、結果的には妄想のなかの相手と実際の相手との間に乖離が生まれやすく、かえって相手の理解を阻害してしまう傾向がある。

また、このシミュレーションシステムを使って相手のことを考えれば考えるほど、相手に対する自分の〝思い〟が重量を増していくことも問題だ。好きだからこそその人のことをよく考えるのだが、考えれば考えるほど、自分のなかの相手に向ける好意のエネルギーが増していく。それが自分のなかで扱いきれる程度ならまだいいが、僕の場合は、だんだんその質量が自分の手に収まりきらなくなり、苦しくなったり、精神的な不安定さを生じさせたりすることも少なくない。

この扱いきれないくらいのエネルギーを抱えた状態でうっかり好意を抱いている相手に会うと、かなりまずい事態になる。というのも、自分が抱えきれないほどのエネルギーを持った矢印と比較して、相手から僕への矢印の大きさがそれに見合っていないことは、その時点で僕にもわかっている。僕に向いた矢印がどんな質のもので、どれくらいの大きさなのかはわからないが、少なくとも様々なシミュレーションの結果肥大化した僕の矢印よりも小さいことは確かだ。「知り合い」程度の関係性でこの巨大な矢印を扱うのは、ちょっと難しいと思う。いきなり表現するには、相手をびっくりさせてしまう感情の重さだ。それは言うなれば、パンパンに膨らみすぎて触ればすぐにでも破裂しそうな風船を相手に渡そうとするようなものだ。せめてもうちょっと関係が近づいてから……とも思うのだが、なんというか気持ちが重すぎて、その時点ではもはや「普通に振る舞う」ということがだいぶ難しい状態になっている。

結果的に、僕は黙ることしかできなくなってしまう。黙りながら相手と心の距離を近づけていくのは、なかなか困難な道だろう。

そして対面したら黙ることしかできないのに、僕のシミュレーションシステムは、暇さえあれば自動的に演算を始めるので、相手への気持ちばかりが重く大きくなっていって、さらに僕を苦しめるのである。

## 好意の伝え方のレパートリーを増やす

前述の困りごとに対して、研究会では「好意の伝え方のレパートリーを増やすのはどうか」という意見が出た。

例としては「マイクを使ってはどうか？」という意見だった。マイクを使って話せば、ちょっとユニークなパフォーマンス性をはらんだコミュニケーションになるから、普通に話すよりも緊張せずに話せるのではないかというのだ。

この意見はあまりしっくりこなかったが、もう少し気持ちが小さいころに、その感情を表現することが大事なのかもしれないと僕は思った。心理的な距離が伴っていないのに一人で大きくしすぎた気持ちを、相手に直接、言葉で表現するのはちょっと難しい。だから大きくなりすぎる前に、好意を小出しにしていくことが大事なんじゃないか。小さな「好き」を、小さいうちに表現するのである。

また、シミュレーションシステムにあまり餌を与えすぎないことも大事だ。とにかく気がつけば、僕のシステムは勝手に作動していることが多い。が、いまのところこのシステムは僕の手に余る。うまく利用できたら「相手の立場を想像する」という、とてもすばらしい力を秘めたシステムだとは思うのだが……少なくとも、あまり相手のことを知らないうちにこのシステムに頼りすぎるのは弊害が多く、ちょっと好ましくない。

うっかりシステムが稼働していることに気づいたら、少し自分の気持ちを落ち着けたり、意識を逸らしたりするといいかもしれない。

## 「妄想は妄想として笑われることを求めている」

セブルス・スネイプの報告をした第十九回非モテ研には、たまたま非モテ研の外部で関係がある、僕の友人も二人参加していた。そしてこの二人は、当時二人の共通の知人の女性に僕が片思いをしていることを知っていた。

それでこのときは非モテ研終了後、有志で近所のファストフード店に行っておしゃべりをしたのだけど、僕はその友人二人とたまたま同じテーブルになった。

で、話題は僕の片思いの話になって、僕は現実の恋愛で、さっきの研究会で話したようなシミュレーションシステムがどのように稼働しているかを話しまくった。

好きすぎて気がつけばその相手と〝結婚したい〟と独り言を口走ってしまうことや、当時は狭いアパートに一人暮らししていたので将来的に結婚するなら引っ越す必要があるということ、気持ちが燃え上がりすぎるので何か消化したいとドラマ『逃げるは恥だが役に立つ』（TBSテレビ系）を見始めたこと。そうしたらドラマの展開と自分の恋の行方とを重ねてしまい余計に高ぶってきたこと。正直に言って僕が好きなその娘はガッキー（新垣結衣）よりもかわいいと思っていること……。

とにかく僕はその娘について思っていることを全部しゃべりまくった。

友達二人は、その僕の話にウケて笑っていた。「それは間違ってる」とかジャッジを下すのでもなく、あるいは「恋をうまく進めるにはこうするのがいい」とアドバイスをするのでもなく、ただただ、ゲラゲラと笑っていた。

そうやって笑われることが、意外にもそのときの僕にはとても心地よかった。救われた、とも表現できるような心地よさだった。

そして僕はこういうことを思った。

「妄想は妄想として語られることを求めている」。あるいは「妄想は妄想として笑われることを求めている」と。

それまで自分のなかに抱え込むしかなかった妄想は、どこに表出されることもなく、自分のなかで肥大化するしかなかった。それを単純に表現できたことが、そのときはまず単純に気持ちよかった。言うなれば、それは心の便秘にかかっているようなものだ。たまりにたまった片思いの感情の吐き出し口をようやく見つけたことによって、気持ちがすっきりしたのだ。

また、自分を笑ってもらえたことで、これまで自分のなかで積み重なった独りよがりな妄想でしかなかったものが、ただの無意味なものではなくて「面白い」という価値を生んだことも、救いにつながったように感じる。

一般的にこの種の妄想というのは「ストーカーっぽい」などの評価を下されがちで（まあ実際にストーカーっぽいとは思うけど）、あまり好ましい行動だと判断されないことが多い。どちらかというと、危険なこととして評価されることが多いだろう。

だが、先にも見てきたとおり、僕の意思にかかわらず、シミュレーションシステムは自動的に起動するのだ。妄想は勝手に始まる。そこには意思決定は存在しない。自分の意思とは関係なく勝手に始まってしまうことについて、「それは好ましくないことだ」という社会的な判断が付いて回るのは、なかなかにつらいことだと思う。「それ」をやってしまっている自分に罪悪感を感じさせ、人に打ち明けることを難しくさせる。そしてその感情を外に表現することを妨げるために、自分のなかで肥大化していくよりほかはない。

だからそのとき僕は、僕の妄想を笑ってもらえたことについて、救いを感じたのだと思う。笑いとは許しだ。社会的な価値観のなかではよくないとされていることが自分のなかにうっかり存在してしまっているということを、笑われることで他者に許してもらうのだ。

「非モテ」状態に苦しんでいる人は、わけのわからないポエムを一方的に送り付けるような、あとから思い返すと我が事ながら痛々しくて死にたくなるようなことを、ついついしがちである。

おそらくこれは「妄想便秘状態」によって引き起こされているのだと思う。妄想を吐き出すことができず、ただ自分のなかでそれを増幅させ続けることしかできない妄想の便秘は、他者との距離感に対する自分の認知にゆがみを生じさせる。肥大化した妄想が距離感を狂わせるのだ。

狂った距離感のなかで、その当事者が、はたから見れば狂っているようにしか見えない行動に出てしまうのは、しようがないことなのかもしれない。

そんな肥大化した妄想を縮めるためには空気を抜いてやることが必要で、つまりそれは誰かに自分の妄想の内容を聞いてもらうことなのだ。妄想を誰かに語って笑ってもらうことで、それを消化し、適度なサイズにとどめるのだ。

スネイプ先生にも、もし自分の片思い妄想を聞いてくれる誰かがいてくれたなら、ああいう結末には至らなかったのかもしれない（まあ、そしたらハリー・ポッターはヴォルデモート卿を倒せなくなってしまうんだけど……）。

# おわりに

この研究では、僕の個人的な経験をもとに、誰かに恋をしたときにどのように妄想が始まり、それがどのように人間関係の距離感に影響を及ぼすか、そのプロセスを追ってきた。また、肥大してしまった妄想を縮めるための手段として、誰かにその妄想を話して笑ってもらうことが有効ではないかという提案をした。

自分のなかで起こっている、プロセスをなんとなくは理解していることをあらためて言語化し、他者にも伝わるよう記述していくのは、いつもと違う角度から自分と向き合う興味深い作業だった。

「そもそも妄想が広がって止まらなくなってしまうことにどう対処するか」は、この研究ではふれられなかったので、今後の課題としたい。

最後に「Aちゃんの迷宮」について。このことについて、僕なりに考えてきたことはたくさんあるのだけれど、この研究では詳しくは扱えなかった。たぶん僕には、彼女の背後にある種の〝傷〟が見えていて、その傷を癒やしたくて僕は彼女のことを好きになったのだと思う。でもこの「癒やしたい」という気持ちと、「異性として好きだ」という気持ちはあまり混同しないほうがいいといまは感じている。

このことについては、いつかどこかでまたきちんと書いてみたい。

第2章

# 痛みを言葉にする

# 実践に学ぶ：3

# 1 薬物依存者回復施設「三重ダルク」

西井　開

## 1 ダルクについて

進学した大学院で私はダルク（Drug Addiction Rehabilitation Center）のことを知った。ダルクとは一九八五年にスタートした薬物依存者による当事者活動であり、現在では六十程度の運営母体が入所可能な九十施設を運営している。あるダルクで回復したメンバーがのれん分けをしてまた別の地域に新たなダルクを作り、拡大してきた歴史がある。ダルクでは「薬物をやめたい仲間の手助けをすること」を共通の目的として掲げているが、必ずしも統制された組織体ではなく、各ダルクの運営方針や活動内容、施設の規模や形態はそれぞれで異なる。ただし基本的にどのダルクも自分の経験を分かち合うグループミーティングを活動の主軸にしている。(1)

薬物依存は長らく喫緊の社会問題として位置づけられてきたが、その取り扱われ方は変化し、「ダメ、ゼッタイ」に象徴される厳罰主義だけではなく、薬物依存を依存症という「病」と位置づけて治療を促す意見も増えてきている。しかし、こうした治療論よりもさらに一歩踏み込んだ議論をダルクは進めている。

ダルクを営む当事者たちは、当事者同士で回復の道筋を歩み、その過程で少なくないメンバーが薬物依存とは別の問題を抱えていることを発見してきた。例えば、女性ダルクハウスを主宰する上岡陽江によると、女性メンバーの多くが過去に虐待や性暴力の被害を受けているという[2]。また三重ダルクの市川岳仁は、一部のメンバーは知的障害や発達障害のために社会生活がままならないことが、薬物使用の背景にあるのではないかと指摘している[3]。

薬物使用は精神や生活のままならなさに対する独自の対処方法なのであり、治療によって薬物使用をやめても、また別の生きづらさが生じてくる可能性がある。目からウロコが落ちるような気づきがあった。

## 2　三重ダルクのフィールドワーク

進学した大学院で、先ほど紹介した市川岳仁さんと同級生になった。彼も同時期に同じ研究科の同じゼミに入ったのだ。

当事者が主体になってどのように取り組みをおこなっているのか。詳しく知りたくなった私は、友人と市川さんが施設長を務める三重ダルクにおじゃました。

大阪から車で三時間ほど。三重県津市に三重ダルクの事務所はあった（隣に自民党の県本部があったのがおかしかった）。昼過ぎに着いた私たちは、午後のミーティングに参加させてもらってメンバーの話を聞いた。みんな慣れているのか自分の話を淡々と語る。語っている人のほうを誰も見ないし、聞いているのかいないのかもよくわからない。それが不思議と穏やかな空気感を作り出していた。

写真1　三重ダルクの初代事務所

三重ダルクは二十年前に商店街の小さな長屋物件を改装してスタートして、いま以上に薬物依存者の回復に理解が得られなかった当時、わずかな資金で共同生活を営んでいたという。

現在はミーティングやヨガなどのプログラムをおこなう事務所のほかに、メンバーが入居するグループホームが四つ、弁当屋とカフェ、畑があって、順番に見せてもらった。メンバーの全員が同じ活動に参加するわけではなく、各活動に取り組むメンバーも時期によって変化する。

そしてこれらの活動拠点のほかに、三重ダルクにはライブハウスがあった。経営難でつぶれてしまったライブハウスの設備を安く買い取って運営していて、ダルクのメンバーたちが地下のライブハウスでギターを弾きならしドラムを叩くというのはなかなかロックな状況だ。見学に行くとなぜか私もベースを弾くことになり、ほかのメンバーも加わっていつの間にやらセッションが始まった。舞台照明も灯り、マイクも用意され、しまいには即興ライブのような雰囲気に。十分に楽しんで、私たちはスタジオをあとにした。

薬物をやめるのになぜライブハウスが必要なのか、と思われるかもしれない。しかし、三重ダルクでは薬物をやめることだけを必ずしも目指しているのではない。理不尽な暴力や社会的抑圧にさらされ厳しい生活を余儀なくされた当事者たちにとって、何よりもまず「生きること」が重視されるのだと私は感じた。例えば畑で野菜を作ること。仲間と試行錯誤して働くこと。安心できる空間で暮らすこと。そして友人と遊ぶこと。

ただ薬物をやめることが「回復」なのではなく、「回復」には各人の状況や背景の多様な道筋がある。三重ダルクとは、メンバーそれぞれの「回復」を支え合いながら、根本的な「生きること」を共同構築していく場なのだと感じた。

## 3 「非モテ」とアディクション

私たち「ぼくらの非モテ研究会」(非モテ研)のメンバーは、活動を続けるなかで「非モテ」という現象もアディクション(嗜癖)と似た側面を持っていることに気づいた。一つのことしか考えられなくなること、精神的に不安定な状況にあるときほど妄想を繰り返すこと、女性に過剰に執着して行動に及びさらなる孤立を招くことなど、アルコール依存や薬物依存と共通項を多く持っていたのである。「非モテ」の場合、酒や違法薬物といった物質でも、買い物や万引きのような行為でもなく、女神という特定の人物との関係性に対して依存的になっていると言えるかもしれない。

また、研究会で自分や仲間の経験をより細かく見ていくと、例えばクラスメートからのからかいや、年収や容姿だけで判断するようなまなざしというような、明確には加害とは言えない一見ささいな攻撃によって多くのメンバーが細かい傷つきを蓄積していることがわかってきた。そして、強い自己否定感と社会に取り残されていく不安を抱えて、すがるように女神に執着してしまうことが浮き彫りになってきた。

だとすれば、たとえ恋人ができて「非モテ」と言われる状態から脱したとしても、またグループでの対話を通して現時点での問題が解決されたとしても、彼が抱える自己否定感や孤立感、不安、焦りは維持されたままになる可能性がある。

こうした「モテない」という問題だけにとどまらず、当事者の背景をも射程に入れるという発想は、回復を「薬物をやめること」だけに限定しないダルクの実践から学んだ。三重ダルクのフィールドワークを通して、個々人それぞれの回復を重視すること、メンバー同士で関係を長く続けること、そして「非モテ」の問題を皮切りにそれぞれの痛みや生活のままならなさに少しずつふれていくことの重要性を私は学んだ。

注

(1) ダルクの実践や歴史については、ダルク編『ダルク 回復する依存者たち——その実践と多様な回復支援』(明石書店、二〇一八年)に詳しい。

(2) 上岡陽江/大嶋栄子『その後の不自由——「嵐」のあとを生きる人たち』(シリーズケアをひらく)、医学書院、二〇一〇年

(3) 前掲『ダルク 回復する依存者たち』二一一—二一二ページ

# 2 男性の被害経験

西井 開

## 1 ある男性からの相談

以前、インターネットで知り合った男性から「男として生きづらい」「話を聞いてほしい」と相談されたことがあった。彼は自身の生きづらさについて、女性専用車両があって男性専用車両がないこと、映画館にレディースデーがあってメンズデーがないことなどを例に、あらゆる場面で男性が女性によって排除されていることに原因があると話した。

念のために確認すると、女性専用車両は日常的に電車内で起こる女性に対する性暴力の対策として設けられたものであり、男性を排除するものではない。またレディースデーはマーケティング戦略の一部であって、社会制度として男性が不当な目に遭っているわけではない。だがその声はとても差し迫ったもので、彼が心理的にかなり追い詰められていることを伝えていた。

ところが、「では、あなたも女性から締め出された経験があったんですね？」と聞いてみると、「いや、私はないんです。ただネットでそのような情報を見て」と彼は答えた。何かしら苦悩を抱えていることは感じ取れるのだが、しかし具体的に傷ついた出来事はない、という。その声と語りの内容のちぐはぐさに、私はうまく言葉を返すことができなかった。

## 2　政治的なことから語られること

男性は自身の痛みや不安、困難を語らない／語れないという指摘や、被害を被害としては認知しない傾向にあるという指摘がある。男性は自分の弱さを見せてはならないと教えられて育ってきている場合が多いし、自分の弱さを見せようものなら、周りの男性に男らしくない男性と見なされ、集団のなかで周辺に追いやられてしまう危険さえある。不安、苦痛、葛藤といった感情は、いわば男性的感情規則から逸脱しているのだ。そのせいでずっと一人で悶々と悩み続けたり、その経験に目を背けたり否定したりしてしまう。

しかし、経験を否定したとしても、その経験を通じて生じた感情そのものがなくなるわけではない。にもかかわらず、それらが生じた具体的な出来事がないことにされてしまうと、苦痛や不安といった感情は、輪郭を与えられないまま宙づりになる。

そして、ときにこの宙づりの感情は、具体的なエピソードを伴わずに、なぜか抽象的な問題提起から語りだされることがある。

例えば、男性が被害者の加害事件が起きたとき、しかもその加害者が女性だった場合、決まって「女も男に暴力を振るっている」とか「男だって被害を受けている」という、加害者・被害者の性別を強調する意見が出てくる。もちろんそれは事実だし、女性が男性に暴力を加える事例は間違いなく存在する。しかし、「男だって」と第三者が声高に主張したとき、本来「加害者―被害者」というもともと個人同士のものだった問題は、いつの間にか「男―女」という性別間の問題という抽象的なものに横滑りし、誰が被害者を傷つけ、被害者がどのように傷ついたのか、という根本的な経験が置き去りにされてしまっているように感じる。

男性の個別的な経験を置き去りにしてきたという点で、男性の「生きづらさ」を扱ってきた既存の男性学も同様の傾向にある。男は十分に稼がなければならない、弱音を吐いてはならないなどの「男らしさ」によるプレッシャーにさらされている。非正規雇用の増加、生涯未婚率の上昇など、男性を取り巻く環境の変化によって男は不安を抱えている。これらの事象が、男の自殺や過労などの問題に影響を与えている……、といった議論である。実際、男性の自殺率は女性の倍の数値を維持している。既存の男性学は計量的なデータをもとに、こうした社会的な問題としての「男の生きづらさ」を可視化させた。

確かに男性という社会的属性を持つためにさらされる問題をマクロに分析することは重要な作業だろう。しかし、そこでは男性個人の具体的な経験が抜け落ちてしまっている。自殺も過労もいわば結果であり、その結果に至るまでの男性の個別の「生きづらさ」は深掘りされない。

一九七〇年代に隆盛したウーマン・リブの運動は、まず自分たちの痛みを言葉にすることから始まった。そして、「個人的なことは政治的なこと」という理念のとおり、家庭内で受ける暴力や、職場での軽視といった個別的経験を共有することで、それが実は普遍的に起こりうる社会問題なのだと発見していった。ところが前述の男性たちの「生きづらさ」は、個人的なことよりも先に政治的なことから取り上げられるという逆転現象が起きている。

個別具体的な話をするのは困難を伴う。しかし、「私は」から語りだすのではなく「男は」「男だって」から語りだした場合、自分の苦痛や不安が何によってもたらされているのかが漠然としたままになり、ときに見失ってしまう危険性がある。実は全く違うところに原因があるのに、マクロな計量的データを用いた抽象的な説明が説得力を持つために、その説明に自分の苦痛や不安を回収してしまう恐れもある。

生きづらい、それは女性による抑圧のせいだ、生きづらい、それは「男らしさ」のプレッシャーのせいだ、と簡単に結論づけていいのだろうか。「生きづらさ」とその原因との間の飛躍を、そこには感じる。冒頭に紹介したあの男性から感じた「ちぐはぐさ」もこの飛躍によるものだとすれば、彼の「生きづらさ」はいったい何によって生じていたのだろうか。

## 3 男性の被害経験

もちろん、漠然とした不安感が常に具体的な体験を伴って生じるとはかぎらない。しかし、なんらかの被害や抑圧を受けたために不安を抱き、何かに追い詰められているように生きている男性たちに数多く出会ってきた。研究会で被害について直接的に取り上げたことはないにもかかわらず、ときにそれは語り出される。

「運動ができないとバカにされた」
「クラスメートに無視されていた」「なぜ無視するのかと問い詰めたら、何を本気にしているのか、とからかわれた」
「隣の中学の男子たちに囲まれ、カツアゲ、リンチされ、言われるがまま土下座をしたら頭を蹴り上げられた」
「小学校のころに同級生に校庭の隅に連れていかれて性的な部分を触られた」
「中学生のときにクラスメートに自分のペニスの写真や射精している動画を見せられた」
「父親がキレると家のなかで暴れだして、それに怯えていた」

いじめ、性被害、パワーハラスメント、親からの抑圧。これらの経験は満を持して語られることは少ない。別の話題を話していたはずなのに、ふと、こぼれ落ちるように語りだされることが多い。そして、深刻な空気をかき消すためなのか、意図せず出てしまった自分の痛みを扱いかねているのか、「自分は気にしていないんですけど」「遊びの一環で」といった言葉があとから付け足されることもある。男性たちの被害を訴える声は、わずかな風で消えてしまいそうなくらいにか細く繊細だ。
しかし、意図せずこぼれ落ちた語りが、別の参加者によってあとからすくい上げられることがある。彼はふと思い出したように「そういえば自分も……」と、自身の被害体験についてぽつりぽつりと語りだす。

以下は、家族をテーマにした第九回の非モテ研での、足達龍彦さんとハーシーさんのやりとりだ。

足達　子どものころ、「ゲームボーイ」を買ってもらったんですけどね。『ポケモン』(『ポケットモンスター』)にはまって、知り合いの人とか来ても、挨拶もちゃんと顔を見ずに「こんにちは」って言うだけでゲームをやり続けて。父親は、それが癇に障ったらしくてゲームをバン!って投げて。ショックですよね。すごい大事にしてたのに。そういうのが何回かあって、僕はいつも父親に対してビクビクしながら生きてたんですけどね。

(略)

ハーシー　足達さんが言ってた「ゲームボーイ」をバン!って投げられたくだりあったじゃないですか。あれも、なんだろう、結構僕のお母さんは周りの人がいるなかではおしとやかな感じで怒れることなかったんですよ。それで家に帰ってきて周りに誰もいないときに怒られるっていうのがあったんで、だからたぶん相手の感情とかをちゃんと読まないと駄目だなって思うようになったのかな。

足達　怖いですね。確かに。

ハーシー　怒られないかっていうのをずっと気にしてた。

足達　混乱したとかはなかったですか?

ハーシー　混乱もありますね。前回は何も言われへんかったからこれＯＫやろって思ってたら、次は怒られた、みたいな。それがたぶんコミュニケーションをうまくとれない原因の一つ。絶対そうやなって思うんですよね。（略）僕が思うのは、機微を気にするあまりうまく発言できないとか、コミュニケーションにすごい体力を使うとか、初対面の人としゃべるのがすごく怖い。まあわかんないですからね、初めての人がどういう感情を持っているのか。だから結果的にコミュニケーションをとらないっていう方向にいくのが合理的になっちゃうから、コミュ障（コミュニケーション障害）っていうことになってしまうのかなと思いますけどね。

足達さんの父親に対する恐れの語りに誘発され、ハーシーさんは自身の記憶を開きながら、母の叱責と混乱の経験を語りだした。そして彼は最終的に、いつ怒りだすかわからない母の傾向が、現在他者とコミュニケーションをとるときに恐れを抱いてしまう要因の一つになっているのではないかと発見する。

## 4 ぼくらは何が痛かったのか

女性専用車両やレディースデーはともかくとして、マクロな視点で見たとき、男性という層が社会のなかで不利益を被っている事象はあるのかもしれない。しかし大きな社会問題の話をする前に、私たちはまず「何が痛かったのか」という個別的な問いから始めるべきではないか。すぐに「男性は」という大きな主語で語りだすのではなく、痛みや不安、困難がもたらされた背景を探ることから始めなければ、筋違いの解決アプローチをとりかねない。また、それが何かしらの被害経験によるものならば、まず「あの人から被害を受けた」と申し立てていいと思う。

どれだけの男性の被害が言葉にされていないのだろう。被害をもたらした存在への具体的な怒りが表明されていないのだろう。非モテ研のような似た境遇、類似の経験を持つ者同士のグループでは、普通の場では出てこない(出してはいけないとされる)経験が語られることがある。そこには、置きどころもなく宙づりになった男性たちの痛みに輪郭を与える力があるのではないだろうか。

# 3 個人研究 パワハラ被害の夢の研究

西井 開

## 1 苦労の内容——パワハラ被害の夢

数年前、私は勤めていた企業で日常的にパワーハラスメント(パワハラ)を受けていた。一年半ほどでその会社を退職したが、そのときの経験が原因なのか、加害者の上司が月に一度くらい夢に現れるようになった。夢の内容はいつも同じで、必死の思いで退職したその会社になぜか再就職して、その上司のもとで再び働くというものだ。げっそりとして私は目を覚ます。この夢をどうにかすることはできないか、私は当事者研究をおこなった。最初に、パワハラ被害について詳細をまとめる。

## 2 苦労のエピソード：1——過去のパワハラ被害について

なんとかなるだろうと高をくくっていた就職活動は全くうまくいかなかった。大学四回生の夏に本命の企業に採用を見送られたときには、周りの友人たちは大手の企業や銀行からの内定を得ていた。焦りが募って手当たり次第にエントリーシートを書き、会社説明会に通った。ようやく関西の中規模のアパレル企業に内定をもらったころにはすでに年が明けていて、本当にギリギリで得た就職先だった。

一息つく間もなく新人研修が始まり、私はそこでようやく労働契約書を見るというありさまだった。「みなし残業」という言葉が契約書にあるのを目の端で捉えていたが、私はそれをあまり意識しないようにした。せっかく採用してもらった会社なのだ、残業に十分な手当てがつかないことくらい、目をつぶろうと思った。

総務部に配属され、社会人生活が始まった。その年に採用された人数は少なく、私は国公立大学卒ということもあって将来を期待されていたと思う。意気揚々と仕事に取り組んでいたが、三カ月ほどたったころから、直属の上司の態度が変化し始めた。

柔らかかった彼の態度はどんどんピリピリし、私が仕事でミスをすれば、舌打ちやにらむことが増えてきた。目をむいて私の仕事をなじり、気に食わないことがあればすぐにため息をついた。それが毎日続いた。新卒一年目では到底こなせない「エクセル」を使った困難な仕事（しかもそれは業務上必要だったとは思えない）を押し付けられて深夜まで残業させられたり、ときには「死ぬか？」「殺すぞ」と暴言を浴びせられたりすることもあった。これまで何人も若手社員が彼と関わって辞めていったと、あとになって知った。

上司がパワハラをする際には、常にそれらしい「理由」があった。「新人ならば○○して当然」「男ならこんな早い時間に帰るな」「お前が成長することを願って言ってるんだ」……。どこかで聞いたことがあるようなそれらの理由づけは、彼の暴言を巧妙に正当化した。そして、右も左もわからない新卒社員である私はまんまとその正当化を真に受けて、「仕事ができない自分が駄目なんだ……」「頑張って残業して上司を見返してやろう」などと考え始め、彼の加害を抵抗することなく受け入れ、あろうことか自己否定までしてしまうのだった。

上司の振る舞いは言うまでもなく精神的暴力だった。だんだんと出社するのがいやになり、職場に近づくと気持ちが沈んでいった。このような状況にもかかわらず、私は上司を訴えることも、会社をすぐに辞職することもしなかった。できなかったのではなく、しようという考えが湧かなくなっていた。

日常的なパワハラは、被害者である私を心理的に支配し、主体性を根こそぎ刈り取った。私ははじめこそ抵抗の意思を持っていたが、何度も否定され恫喝されていくうちに、怯えを感じ始め、怒らせてはいけないと相手の顔色をうかがうようになった。

それだけではない。ある日上司にこっぴどく怒られた私は、一人で倉庫掃除を言い渡された。悔しさを感じながら作業を進め、一段落ついたところでデスクに帰ってくると、そこには「おにぎりせんべい」が四枚ほどそっと置かれていた。その横で上司が「おにぎりせんべい」を食べている。言いようのない安堵感が私を包んだ。「厳しいながらも、上司は私を見てくれていて、大切に思ってくれているんだ……」と心の底から感じた。

それ以来、私はできるだけ上司に気に入られて彼の「優しさ」を引き出そうと、目をキラキラさせて声を一オクターブほど上げて過剰に明るく接するようになった。「おはようございます！　○○さん！」。彼が口にする冗談に対して大げさに笑い、常に彼の動向をチェックし、先回りしてサポートするようになった。このとき私と上司の関係は、はたからは良好でほほ笑ましいものに見えただろう。上司もそう思っていたにちがいない。しかしそこにあったのは、恫喝と怯えを骨組みにした疑似的な関係だった。

いま振り返ると、異常な精神状態だったように思う。パワハラを受け続けた一年の間、私が安全・安心でいられるかどうかの決定権は常に彼の手のなかにあった。彼が出張で社内にいない日は飛び上がりたいほどうれしい気持ちになったし、逆に社内の私の隣の席にいれば、いつ恫喝されるのかわからない危機感にさらされた。彼が言葉少なく不機嫌そうにしているだけで心臓が縮まり、常に怯えて業務をしていたし、彼が私に笑顔を向けたりジョークを言ったりするだけで、すべての重圧から解放されたように軽快な気持ちになった。

私にとって、上司を怒らせず、気に入られ、良好な関係を築くことだけがすべてになっていた

（私が仕事ができるようになっても、より気に入られても、上司は関係なくハラスメントしてきただろう）。
こうしてパワハラによる支配は完了したのだった。

## 3 苦労のエピソード：2——被害を矮小化、無化、自己責任化する周囲の声

当然ながら、パワハラは加害者に絶対的に問題がある。上司の度重なる恫喝とときおり見せる「優しさ」が、私との間に支配関係を作り出した。しかし、周囲の人間の関わりも少なからずその支配関係の維持に手を貸していた。

上司の振る舞いは明らかなパワハラなのに、周りのどの社員もその上司が私に暴言を吐くのを止めてはくれなかった。それどころか、パワハラによる加害自体をないことにしたり、矮小化したりした。「お前の態度が悪い」とあからさまな二次加害を向けてくる人もいれば、「あの人はああいう人だからさ～」と毒にも薬にもならないフォローをしてくる人もいた。

そして付け加えて言うのだ。「西井くんは精神的にタフですごい、よくやってるね」と。彼らは上司のパワハラには見て見ぬふりをして、私が彼の暴力に耐えていることを「称賛」した。いつの間にか、上司の暴力ではなく、私がその暴力に耐えられるかどうかに問題の焦点が置き換わっていた。いま思うと、彼らは上司のパワハラを目の前で見ておきながらそれを告発しない自分を棚に上げるために、「そんなにたいした問題ではない」とパワハラそのものを矮小化したかったのかもしれない。

ところが、あろうことか私はそれらの無責任な「称賛」の声に気をよくし、「ほかの社員は逃げ出したのに、あの上司とうまくやれている自分は特別だ」と思い込んで、また上司の加害に耐える日常に勇んで戻っていくのだった。もうパワハラという加害行為は見えなくなっていた。

地獄のような日々から抜け出したきっかけは、東北の被災地で活躍するNPO（民間非営利団体）を紹介する新聞の記事を読んだことだった。学生時代、震災ボランティアに参加した経験もあり東北に関心があった私は、被災地のNPO職員という働き方に激しく魅了された。

もちろん東北で働きたいという願望もあったが、いま思えば、私は会社を辞める理由を無意識のうちに必死で探し求めていた。パワハラ自体がないことにされている会社で「パワハラを受けている」ことを退職の理由にはできなかったし、その当時は私自身もパワハラを受けていると認識していなかった。しかし精神的には疲労と傷が蓄積していて、いまの環境からなんとか抜け出すことを切望していたのだと思う。

こうして私は「NPOに転職する」という名分を得て、上司に退職を願い出た。身体の隅々から力をひねり出し、なんとか「辞めようと思うんです」と口にすると、彼はいままでにないくらいの猫なで声で私を引き留めてきた。

私の意思が固いことを知ると、彼は打って変わって冷淡な態度をとり、私が退職する日には一言も声をかけてこなかった。にもかかわらず、その日に私は彼に「これまでお世話になりました」と懇切丁寧なメールを送ったのだから、パワハラという精神的支配は本当に根強い。

会社を辞めたあとも、被害を無化・矮小化する声に私は苦しめられた。退職して数年後、大学の後輩と久しぶりに会ってご飯を食べていた。春に就職を迎える彼と社会人生活について話していると不意にパワハラの話題になったので、一つの教訓として私は自分の被害経験について話をした。すると「あ、僕は大丈夫なんで」と、彼はさらりと応じた。

「僕は」。その言葉の裏には「精神的に弱いあなたと違って」というメッセージが透けて見え、私はざわざわとした感情に覆われた。また自分の被害がなかったことにされ、それどころかパワハラ被害の原因が精神的に弱い私にあると見なされたことが、ショックだった。パワハラ被害の傷がずっと膿んでいた。

私がパワハラの夢を見続けるに至るまでにはこうした背景があった。辞職して五年以上たっているのに、例の上司が現れ、そのたびに私は絶望していた。

## 4 方法：1――話しても話しても

パワハラ被害の夢を見続けるという問題を解決するにあたって、私はその経験を語るという方法を試してみた。心理療法の基本は語ることにあるし、痛みや恐怖なども含めて語ることができれば解消されていくのではないかと考えた。「ぼくらの非モテ研究会」（非モテ研）を含め、いくつかの語り合いグループや、気が置けない友人や知り合いに話した。そのおかげか、自分の身に何が起きたのかを前述のように整理することができるようになった。しかしどれだけ表出させても、私は繰り返し夢を見た。どうも話すというだけでは解決には至らないようだった。

## 5 方法：2――ロールプレイで怒りを表す

ある回の非モテ研で、私は再びパワハラ被害について語り、そしていくら語っても夢を見続けているると付け加えた。するとファシリテーターをしていた足達龍彦さんが、それをロールプレイしてみたらどうですかと提案してくれた。一度やってみようということになり、ハーシーさんが上司の役を引き受けてくれた。当時のオフィスの席と同じ配置に座り、ハーシーさん演じる上司が私を恫喝し（ハーシーさんはかなり優しかった）、私は押し黙っていた。足達さんがそこで「西井さんは本当はどうしたかったんですか？」と聞いた。

これまで自分の経験を精緻に思い返すばかりで、恫喝されたとき自分がどうしたかったのかは全く考えたことがなかった。なぜこれまで考えてこなかったんだろう。

「言い返したいです」
「ほかには？」
「録音しておいて出るところに出たいです」
「じゃあそれをやってみましょうか」

再び私を恫喝する上司に対し、「なんでそんなことを言われなくてはいけないんですか」「そんな言い方はやめてほしいです」と私はたどたどしく言った。「録音しています」と続けた。言葉を口にするうちにだんだんと自分のボルテージが上がるのがわかった。私は腹を立てていた。

　ロールプレイを終えたときにはどっと疲れていたけれど、少しフワフワしている感覚が残っていた。

## 6　結果

　思えば私は辞職を願い出たときも、それ以降もずっと、悲しみや痛みを言葉にしても怒りを表に出してこなかった。私の怒りは上司と周囲の声によってないものにされていたし、怒りを出すのはダサいとどこかで思っていたのかもしれない。私は上司に対して言いたいことをずっと言えていなかった。それが、たとえロールプレイでも怒りを言葉にすることで、私は自分がパワハラ被害を受けたのだという事実と、自分は悪くないという実感を得たのかもしれない。

　数日後、私はまた上司がいる会社に再就職する夢を見た。ところが、いつもは再就職して絶望して終わるところがその日は続きがあって、私は社内で「辞めます」と宣言し、そこで目が覚めたのだった。

　その後も上司はときおり夢に出てくるが、それでもこの日に辞職を宣言する夢を見てからその頻度は減った。私はそのことがうれしくて、後日足達さんに会ったときに夢のことを報告した。「こんな夢を見たんです……！」と話す私の声は少しうわずっていたと思う。「なんか、僕も涙ぐんできましたよ」と足達さんが言った。

# 4 個人研究 不本意出家からの研究

リュウ

## 1 不本意出家の説明と経緯

最初に定義すると、不本意出家とは、外出時にカップルや恋愛系広告が目に入ると、心や体が不快な状態になるので、仕方なく外出を避ける一連の現象です。

①刺激→外出するとカップルや恋愛系の広告が目に入る。
②反応→取り付かれたように反射的・自動的に恋愛や結婚に強い執着を覚え、心理的に視野が狭まり、パートナーがいる人と自分を比較してしまい、嫉妬や羨望、怒りや悲しみ、劣等感、孤独感、疎外感、焦燥感、震えや冷や汗など、心や体に様々な変化が起こる。
③結果→不快感を生じさせないために事前に外出を避け、不本意ながらも自宅生活になる。

次に不本意出家の経緯を説明します。
自分は、子ども時代に病気などで長らく学校に行っていなかった時期があり、そのとき「学校はどうしたの?」と地域に住む大人に聞かれたり、制服を着て登下校する小・中学生の姿が怖かったり、ときには学校に行かないのはずるい、怠けているとか、不登校児だといじわるな子に非難されたりすることもあり、行き場もなかったので、不本意な療養避難生活を自宅で過ごしていました。ようやく周囲の圧力から解放されたのは義務教育期間が終わったあとでした。いまから思えば、刺激となる対象や要因が違うだけで、結果としては不本意出家に近い状態でした。ただ、そのときは恋愛したいとは思っていませんでした。

義務教育期間終了から引き続き二年ほど自宅生活を経て通信制高校に入学し、卒業後は進学や就労がうまくいかず、自宅と心療内科への通院が中心の生活で、不本意出家感が強まっていきました。就学・就労していない自分は行き場も出会いも乏しく(学校や企業から外れるとほかの社会領域が狭く孤立しやすい?)、賃労働もできずデート代も出しにくいような自分は恋愛ができないのではという焦りと他者と触れ合いたいという気持ちだけが膨らんでいったように思います。

現在も自分は不本意出家に苦しんでいますが、以前とは異なる段階に入ったと感じています。以前は自分の苦しみを言葉にすることができず、特に性や恋愛の苦しみを安心して話せる場や関係があまり多くありませんでした。その後、「Twitter」で知った「ぼくらの非モテ研究会」(非モテ研)に参加を申し込み、個人研究の回で自分の性や恋愛の苦しみを語る場が与えられ、偶然とも必然とも思える不本意出家という言葉が場と関係のなかで誕生しました。

その個人研究の場では優生思想にも言及しながら、生産性が低い自分はモテないのではという感覚など、労働と恋愛をからめた話をしました。「職業は何ですか?」など、働いていることが前提の質問をされるのがつらいという話もありました。一通り自分のことを語ったあと、ほかの参加者からの質問コーナーがあり、そこで不本意出家という概念がより明確になっていきました。

## 2 研究

### 解像度を上げる

不本意出家を分析すると、そこにはもつれた毛糸玉のような混沌とした生きづらさがありました。いまでも少しずつですが、生きづらさを解きほぐしています。それを別の表現で言い換えると、生きづらさの解像度を上げるとも言えます。

以下は、生きづらさを分解して箇条書きしたものです。

・恋人がいない自分は能力が劣った半人前という感覚。
・異性を獲得して一人前とされる競争的価値観や異性愛獲得主義。
・パートナーがいないと人として低く見られてしまう風潮。
・発達や精神の障害があり生産性が低い自分は市場交換的な恋愛から排除されているように感じて

しまい、差別されるのではないかという不安。
・世の中の多くの女性が自分に対して男らしさを求めていると勝手に感じてしまい苦しむ。
・経済力・家事能力・コミュニケーション能力などの不足を自身に感じるが、能力を高める行動ができず、またそういう能力主義がつらい。
・男性で身長が高くない自分はモテにくいと感じてしまう。
・自分は恋愛の機会がかなり限られているのではという焦り。
・パートナーに恵まれた人と自分との間に大きな格差を感じてしまう。
・恋愛機会が乏しいので、恋愛に対して観念的・妄想的になってしまう。
・恋愛することのつらさと、恋愛したいという葛藤。
・性的なエネルギーの空回りや適切な方向性のなさ。
・二人だけの関係の難しさや不慣れによる戸惑い。
・被害体験など、覆い隠されてきた心の傷とケアの不足。
・ささいなことで傷つきやすく他者と関わりにくいので、出会いが少なくなり、対人スキルが蓄積しない。
・自分や相手のことがわからないストレス。
・恋愛や結婚を商品化してあおってくる社会環境。
・他者から見捨てられるのではないかという不安が強い。
・完璧主義の傾向があり、関係や場を白か黒か極端に捉えてしまいがち。

・子ども時代に親が怖くて、叱られるのを避けるために感情を抑えたり、周囲の反応を過剰に気にする癖が身についてしまった？
・人権や性教育なども含めた、良好な人間関係を築くための学びが不足していると感じる。
・恋愛以外の生きがいの乏しさ。
・かつての就労体験の悪印象と、ハラスメントや長時間労働、派遣切りやワーキングプアを見聞きする怖さ。

一部ですが様々な生きづらさがあります。また、恋愛によってあらゆる生きづらさを解消しようとする傾向、ジェンダーロール（性役割）が影響した、女性によってケアや承認、救済されたいという願望もありました。

箇条書きした生きづらさと重なるところがあり、また抽象的な話にもなりますが、生産性や利益を求める業績主義の国家権力や資本からの要請に自分が応えられず、さらに同様に業績主義の価値観や評価基準を内面化した他者にないがしろにされ（見下す対象としてスケープゴートにされる）、社会的な疎外感を覚えたときにも不本意出家になるのではないかと感じています。つまり不本意出家とは、個人的な問題であると同時に社会的・政治的な問題なのではないでしょうか。大きく言えば、どのような価値や基準で社会共同体を営み生きていくのかという問題にも関わると自分は感じます。

整理しますと、規範の問題、競争の問題、経済の問題、障害の問題、差別の問題、排除の問題、能力の問題、資源や機会の問題、格差の問題、心理的な問題、被害の問題、受けた傷の問題、特性の問題、人間関係の問題、社会環境の問題、親子の問題、教育の問題、哲学的な問題、雇用や貧困の問題、依存の問題、ケアの問題、ジェンダーの問題、政治的な問題、価値基準の問題などが混在していて、身動きがとりにくくなっている状態があります。

厳密には問題が重なり合って分けられないこともあるのですが、基本的に一つひとつ対応していくほうが動きやすいでしょう。また、問題が解決できずに苦しまないために、すべてを解決する必要もないと考えています。

いろいろと書き連ねましたが、実は自分が何に苦しめられているのかよくわからない部分もいまだに多くあります。生きづらさを個別に分解するだけでは捉えきれない面もあります。それを自分は生きづらさの複雑系と呼んでいます。それでも生きづらさを分解して要因がわかってくると楽になることがあります。原因がわかることで対処しやすくなるからです。

現在では自分自身や置かれた社会環境を観察し、社会的に喚起された欲望や生きてきたなかで内面化してしまった「〜であるべき」という規範を相対化するような余裕も少し出てきました。それができるようになったのは非モテ研でつながっていった関係、西井開さんとのやりとり、ほかの当事者会やコミュニティへの参加、近代社会・資本主義・家父長制・優生思想・ジェンダー・フェミニズム・メンズリブなどに関する知識や情報を不十分ですが得ることなど、ほかにも書ききれないのですが、そういうことの積み重ねがあったからだと思います。それでも、引いては押し寄せる波のように不本意出家はやってきます。

## 生きづらさのエピソード

①外出時のエピソード

自分はときどき夜中に散歩するのですが、夜中の公園にときどきカップルがいます。そのとき、カップルに注目してしまい、冷や汗が出てきます。「どうしてあんなに仲良くなれるのだろうか？」などと考えたりします。ほかにもたまに外食に行くのですが、カップルが自分と近い席に座ると心がザワつきます。例えるなら、福本伸行さんの漫画『賭博黙示録カイジ』（講談社、一九九六年―）の「ザワザワザワザワ」、森山良子さんが歌う「さとうきび畑」の「ざわわ　ざわわ　ざわわ」をイメージしてください。

自分はすかさず、彼氏のファッションや雰囲気を学び取ろうとし、「髪形決まっているなぁ〜」とか思いながら、自分は何をやっているのかとむなしくもなります。歩道で通りすがりのカップルを見ると、幸せそうでいいなと思いながらも、「あなたたちの幸せは多くの犠牲のもとに成り立っているのだよ」と言いたくもなります。

電車内でイチャついて彼女の腰や髪を触っている彼氏にはうっすら抵抗と羨望のまなざしを向けることもあります。こんな嫉妬をしているからパートナーができないのかなと自責の念にかられることもあります。電車内でよく見かける恋愛系広告は特にモデルがキラキラして嘘くさく腹も立ちます。ルッキズムの象徴のようなカップルは消費社会に踊らされているのだと冷笑し、自分を慰めることもあります。非モテ研の開催地に移動するために週末の大都市の駅などに行くと、恋愛ワンダーランドに迷い込んだかと思います。あまたのカップルに出会いますが、「なんだかなぁ〜」と心のなかでつぶやいています。モヤモヤします。瓦割りしたくなります。カップルがいれば心理的な負担が増しますが、無視しようとすると逆に気になるので、ちらっと見ることが多いです。

②両親とのエピソード

自分が子どものころ、病気になる前に両親は共働きで忙しく、特に母は夜勤もある仕事でイライラしていて、よく家族に当たり散らしていました。父も忙しく、何かに取り付かれたように怖く感じました。親に見捨てられると子どもは生きていけないかもしれず、逆らえないという、親子の力関係に両親は無自覚なようでした。共働きなので、平日は学校が終わったら管理が厳しい学童保育に夜まで預けられ、休日には望まない活動もさせられていました。自身の完璧主義も、親などに自然体を受け入れてもらえないために失敗を責められないようにした結果、身についた可能性もあります。感情を抑圧していたので、自らの気持ちを自覚し、言葉にして周囲に伝えることが難しくなっていました。自分の本音を言ったら否定されると思っていました。つらいけれど、具体的にどうすればいいのかもわからない状況でした。

我慢の限界がきたように発病して、ようやく問題が明らかになっていきました。子ども時代の家庭は安心できる場ではなかったのです。家庭でも緊張して落ち着かない日々でした。周囲にケアやサポートしてくれる人もおらず、安全地帯がないという不安定な状態で学校や社会に向き合わなければならないので、ダメージが蓄積しました。そういう孤立した状況で不良のような存在も寄ってきたので余計に傷つきました。いまから思えば、子育てが個人化し、閉ざされた家庭空間で親自身も忙しく追い詰められていて、子どもに対する姿勢を省みることができずにいたように思います。弱い立場の子どもにしわ寄せがいってしまったのではないでしょうか。親を見ていると二人とも不器用で、母は落ち着きがなく、適切なケアやサポートを求める発想が弱かったように思います。親も抑圧されて育てられてきた可能性もあります。家族だけで問題を抱え込まず、親が余裕を持って働き、子育てできる社会を望みます。

いまの自分にとって大切なことは、感情や言葉を奪われないことです。そして過去の傷ついた自分が癒やされることです。

③傷ついたエピソード

自分が通信制高校卒業年度のころ、進路指導のつながりで就労支援を受けていたのですが、参加メンバーの一人からなにげなく「男性は車の免許を持ってたほうがいいね」と言われて、相手の意図はわかりませんが、車も運転できない自分はドライブデートも無理で、モテないのかなと焦ってしまったことがあります。悪意がある発言ではないのですが、いまでも記憶に残り、じわじわと自分を追い詰めていたと感じます。ほかにも数年前、靴店で試し履きして商品を買わなかったら店員に「きみ、彼女いないでしょ、男は決めるときは決めないと」といやみを言われたり、好意がない男性に急に抱き付かれたと語る女性に「それは被害では？」と自分が言うと、別の人が「恋人ができてから、そういうことを言え」と言われて傷つきました。

言うほうは無自覚に偏った価値観を内面化してしまっているのでしょう。また、男らしくないと責められた傷を放置して、相手の価値観や基準に飲み込まれてしまうと、見返そうとしたり、強引な男性がモテると勘違いして、加害にもつながりかねないと感じます。傷を傷として受け止められることが、加害も減らすのではないでしょうか。

**仮説**

マイレージ仮説というのがあります。いきなり不本意出家がくるというより、一日中誰とも話さなかったり、日頃から生きづらいことを吐き出せずに我慢したりすると、不本意マイルが少しずつたまり、噴火するように不本意出家がくるのではないかという仮説です。

不本意出家は自分自身をおろそかにしているときにくる傾向があります。普段から自分自身の状態を観察し、丁寧に接することが必要です。

逆に不本意出家は、自分の方向性が明確だったり、人生に可能性や希望を持てたり、信頼できる人に話を聞いてもらったりして、孤立していないときにはやってきにくいと感じています。

**対策**

不本意出家の対策としては、素直に家にいたり、比較的元気なときは当事者会や自助会に行ったり、社会福祉・精神医療・心理療法の力を借りたり、男性相談を利用したり、人間関係から離れて自然や芸術や動物と触れ合ったり、食事・睡眠・運動や心身に気を配ったり、部屋の換気や掃除、予想外の環境に身を置いたり、箇条書きなどで好きなことリストやいやなことリストを作って何に喜怒哀楽を感じるのかを自覚したり、アメリカのアルコール依存者の自助グループであるアルコホーリクス・アノニマスの十二のステップのように、自分ではすべてをコントロールできず、どうすることもできないという謙虚な無力感を自覚して、あまり作為的にならず、適当に、緩く、気が向いたらできることから行動して、できないことは置いておくのがいいのではと思っています。

あとは、不本意出家をスポーツやゲームのように捉えてみるのもありです。カップルや恋愛系広告に遭遇して不本意出家が発動したら、ボクサーのパンチをかわすように「このカップルはなかなか手強い！」、ゲームのように「恋愛系広告モデルの幸せオーラ作戦はじわじわ自分のライフを削ってくるぜ！」、釣り針に魚がかかってリールを巻くように「なかなかの引きですなぁ〜」と心のなかで唱えるのです。

また、自分はどうありたくて、どのような気持ちなのか。他者とはどのような人であり、どのくらい関わり合いたいのか。巷にあふれる情報だけに惑わされず、観念から具体へ。顔が見え、心ある関係へ。事実と妄想を区別する。恋愛ありきではなく、相互理解を深めること。カゴテリーや属性ではなく個人を見ること。自分の理想の恋愛像を相手に押し付けないこと。唐突に相手との距離を詰めないこと。多くの人の助けや力を借りて恋愛すること。女性ばかりに依存しないことを考えたり考えなかったりしています。

## 3　非モテ研の活動と今後について

まず、非モテ研で印象に残った活動は、非モテ短歌会です。非モテ意識を共有して盛り上がるだけではなく、切なさを空間に昇華させるような体験でした。具体的な内容紹介として、自作の非モテ短歌を一首だけ紹介します。

モテようと洋服買ってみたもののピンクのシャツとしましまズボン

次に、非モテ研に参加した感想を少し述べます。

非モテ研では、自分の過去を振り返ることや他者の体験談を聞くことでつらくなったり、非モテ意識のアイデンティティ化が起きたり、モテと非モテを二項対立的に捉えがちだったりするという、注意点があると個人として感じます。一方で、研究を通して他者や世界とつながり、気づき、癒やされ、整理され、応答し、自分の限られた世界が開かれ、予想外の回路に接続されるという意義もあります。自分がいまこの文章を書いているのも予想外の縁です。

最後に、今後について述べます。

自分の語りは非モテ当事者を代弁しているわけではありません。一当事者の研究や意見です。非モテ当事者にも様々な差異があります。その差異こそが、孤独という苦しみであり、豊かさなのでしょう。そして、それぞれの差異を自覚しながら部分的に緩くつながっていくのが自分の理想です。

また、非モテ意識などの困りごとを安心して吐き出せる場がもう少しあればいいなと思います。

そして、不本意出家の研究で閉じる（終わる）のではなく、不本意出家の研究から開かれる（始まる）ことが大切だと思います。

これからも、のたうち回り、わめき騒ぎ、泣き崩れながら、不器用にでもなんとか生き延びられたらいいなと考えています。最後まで読んでいただきありがとうございました。

# 5 「非モテ」と身体嫌悪、そしてマスターベーション

西井 開

## 1 「自分の存在を無にしたい」

「ぼくらの非モテ研究会」（非モテ研）を開始して一年半がたとうとしていたころ、私は参加する男性たちがときおり話す、「自分の身体に嫌悪感を抱いてる」「女性の身体に憧れる」(1)という自身の身体を忌避するような語りが気になり、「身体」をテーマにした会を開くことにした。

その会にはこれまでにも何度か顔を出していたシュンスケさんが参加していた。彼は自身の被害経験を冷静に見据え、「自分は傷ついたのだ」という事実を確かめるように、丁寧に言葉を紡ぐ。
この日もシュンスケさんは自身の身体と被害にまつわる経験について整然と話した。そして、そのとき彼が口にした「自分の存在を無にしたかった」という言葉が心に残った。それはこういう語りだった。

シュンスケ　気になっているところで言いますと、学生時代のことになるんですけど、そうですね、具体的なパーツよりは、顔、身体全体からイメージされるものに対して、こう、なんて言うんでしょう、強烈なコンプレックスになっていました。子どものころに女の子に間違われていたんですよ。かわいらしいとか上品に見えるとか、そういうふうなところだったんだろうなとあとで理解はしたんですが、当時はそれがなんかいやだったんですよね。女の子に間違われることがいやだったというよりか、そのことで、あのー、周りからバカにされるという、それがいやだったんだと思うんですよね。
西井開　差し支えのない範囲でかまわないんですが、どうやってバカにされてたんですか？
シュンスケ　具体的なエピソードを言うとですね。あのー大人からも周りの子どもからもバカにされました。まあ色白のことで言うと、中学生のころの話なんですけど、（略）ある女子が私は色白でひ弱そうに見えると言ってきて。一回だけじゃなくて似たようなことが何度もありました。これも本当は悪気はないと思うんですけど、学校の担任の先生に通信簿に「日焼けをすること」とか書かれました。それで、色白、上品に見える、優しげ――そういうところをベースにしたコンプレックスなんですけども。それを解消することはもうできなくって。持って生まれたものなので、顔立ちというものは。日焼けはしようと思えばできたと思いますけど、赤くなって終わるみたいなもんですし。実際黒くはならない。とにかく自分の存在を消したかったですね。生きていたくもなかった。これだけいじめられるのもバカにされるのも、自分がこんな見た目してるからなんだ、自分がダメなんだ、と思っていたんですね。なので、とにかく自分の存在を無にしたかった。そういう子ども時代を送っていました。

自分の存在を消し去りたいと願ってしまうほどの、自己身体への嫌悪、忌避。そしてその背景にある被害の経験に、私は胸がつぶれる思いがした。

非モテ研では被害経験が語られることが少なくない。なかでも多く語られるのが、学校内でのからかい・いじりの被害である。そして、それは特に身体に向けてなされる場合が多い。「太っている」「声が高い」「肌が白い」「話し方がおかしい」「動きがぎこちない」「ナヨナヨしている」……。こうしたからかい・いじりを仕掛ける側は「遊び」という文脈でおこなっているために、悪意がない場合が多い。しかしからかわれた側は少なからず傷つき、言い返すこともできず、ただただ痛みを蓄積させていくしかない。からかい・いじりを仕掛けてくる相手を「加害者」と名づけて申し立てをすることは困難であり、そのため、相手ではなくからかわれる自分の身体に問題があるのだという意識が積み重なっていく場合さえある。そしてその蓄積が、「存在を消したい」という絶望感を、被害を受けた男性に抱かせるのかもしれない。

## 2 二重の身体嫌悪

シュンスケさんの身体嫌悪は、身体の「女性的」な特徴に向けられている。男性性研究者であるロバート・ウィリアム・コンネルによると、男性集団のなかで男性がほかの男性を貶める際、相手を「女性化」する傾向にあるという[2]。男性中心社会で「女であること」には否定的な意味が持たされているため、ほかの男性を「女性化」することは「不完全な男」という劣った存在として位置づけて貶めることを可能にする。男性が自身のなかに見いだす女性的特徴を嫌悪する背景には、こうした男性内の力学がはたらいている。

その一方で、男性が自己の身体の「男性的」な特徴に対しても否定的な感覚を持つことがあるという事実を見逃してはならない。男性たちは、二重に身体を嫌悪している[3]。

非モテ研でよく話題になるのが毛の問題である。モサモサと生い茂るすね毛、剃っても剃っても生えてくるヒゲ、Vネックの襟元からチラチラと見え隠れする胸毛、乳首やほくろなど局所的な部分からヒョロヒョロと伸びる体毛。毛、毛、毛。自身の毛を毛嫌いする男性は少なくない。

鈴木　いちばん困ったのはやっぱり毛深い、毛深いってことです。でも自分はあんまり、確かに足は濃いかなとは思うんですけど、体質っていうよりかはちょっと病的っていうか、なんか、例えばストレスとかが原因で本来生えないところに生えてきたりっていうのがあって。いまはそれでへこんでる。

西井開　それはどこって聞いてもいいですか？

鈴木　あーそれは、足……足の甲に生えてるんで。とにかくちょっと異常な感じがして、なんでなんかな。マスターベーションをしてるからホルモンバランスが崩れて……。詳しいことはわからないんですけど男性ホルモンのせいなのか。インターネットで見たらあるんですよ。そればっかりはどこまで真実かわからないんですけど、でも実感としては、なんかあるんです。それがものすごく不安な感じで。昭和のときは毛深いのが男らしくて、あったほうがいいっていう価値観もあったけど、いまは逆にその、つるっとしてるほうがいいって変わってきて……。そういうのはたぶん周りが気にしてると思っていて、特に、なんか、例えば何か女の人と関わるときがあって、めっちゃ毛深いのが気持ち悪いって思われるのがなんかショックだなーと思って。自信が持てないっていうんですか。なんかでも、本当のことを言うなら、削るのは大変じゃないですか。いろいろ買わないといけないし、時間もかかるし、お金もかかる。本当はそういうのをしないですむならいいんですけど。男の人は「気にしない」って言ってくるのでそれはべつにいいんですけど、女の人はどう思ってるのかなって。だから、その、あとは、自分の中身に自信を持っていたらいいんですけど、カバーするというか、せめてなんとかしなきゃ、なんとか外見をましにしなきゃなって。でも自分が持って生まれたものは変えられないし。（略）一般のほかの人に交じって生きていくのはしんどいなーっていう感じ。半ズボンとかもはけないなって。めちゃ濃いっていうわけではないんですよ。なんだろうな、もともと体質的には濃くないと思うんですけど、ストレスのせいなのか、生えてきているって感じなんです。脇とか胸とか。自然な感じじゃないというか、ちょこっと生えるみたいな、そういう感じがして。（略）もともと毛深いのだったら受け入れられるんですけど、ストレスとかマスターベーションのせいで生えてきてるのであれば最悪やなって。そんなんなるぐらいやったら（マスターベーションを）せえへんかったのに。結局自分がそれでしたからっていう……自己責任みたいな。

体に生えてくる「不自然な」毛と、それを人に見られることに対する鈴木さんの恐怖は本当に切実なもので、気にすることないよ、と私には安易に言えなかった。

近頃、電車のつり広告や「YouTube」の広告で、脱毛を勧めるメンズエステの宣伝を見かけることが増えた。なかには「体毛が濃いと女性にもてない」などという実証不可能な事例をもとに、男性たちの不安を過度にあおってくる悪質なものもある。それが男性たちの毛嫌いと呼応しているのかもしれない。

「カミソリで毎日剃っている」「脱毛クリームを塗っている」「永久脱毛処理をした」という参加者もいるが、それは自分の身体を美しくしたいというポジティブな心理からではなく、むしろ毛深い自分の身体から逃れたい一心でなされている場合が多い。鈴木さんのように、これだけ毛深いのは自分の生活スタイルに問題があるのではないかという自己否定に陥る参加者もいる。

また「毛」と並び立って嫌悪されるのが、「性欲」「ペニス」である。

## 3 ぼくらの不幸せなマスターベーションについて

男性の身体嫌悪について日本でいち早く言及したのが、哲学者の森岡正博である。

体毛が密集し、肌の色は悪く、骨がごつごつとしており、筋肉がうっとうしいこの体。精液によって汚れてしまうペニスとその周辺の毛。自分の体は本当に汚いという実感がある。[4]

彼はその主著『感じない男』で、自身の男性としての性、欲望、身体感覚を徹底的に言語化し、自分の身体に対する「汚い」という感覚が何によってもたらされているのかを遡及的に分析した。彼は、その感覚が射精後にペニスから精子を拭き取る瞬間に訪れることに言及し、その根源には夢精の体験があると結論づけた。朝、精子で汚れた下着を洗面所で洗い、それを誰にも相談できずに孤独に抱え込む。「その結果、自分の体に対する否定的な感覚を植え付けられてしまう危険性がある」[5]というのだ。そして、夢精しないためにマスターベーションをするが、射精後の後悔の念や虚無感のために、射精に対する否定的な感覚が生じてくる。この、夢精のときの精液の汚さと、射精のあとの暗く空虚な感じによって、彼は自身の身体や性を肯定できなくなったのだという。

森岡と同じように、自身の精液や射精、マスターベーションに嫌悪感を抱く非モテ研メンバーは少なくない。マスターベーションは非モテ研での重要なテーマで、これまでに二回取り上げてきた。

そのなかで、かなりシビアなマスターベーションの日常が語られている。

「オナニーしていること自体に嫌悪感があって。だから射精したあとはティッシュにくるんで、新聞紙にくるんで、ガムテープで巻いて捨てる。いまは射精する瞬間にトイレに行って、流すようにしてます。もう射精したあとの精液自体を見たくないし、存在を消したい」

「なんとなく悪いことをしている気持ちがする」

「いやなことがあったときにそれを解消するためにやるが、画面の向こうにいるAV女優に当てつけているようで申し訳なくなってくる」

「惰性のように何時間もオナニーをして、時間を無駄に使ってしまった罪悪感がある」

参加者の多くが語ったのは、マスターベーションをする際に生じる嫌悪感・罪悪感である。驚くほど、男性たちはポジティブなマスターベーションをしていない。

男性がマスターベーションに対して負の感情を抱く要因は大きく二つに分けられる。これは異性愛男性特有のものかもしれないが、一つは女性に性欲を向けること自体に罪の意識や忌避感を抱いているということである。

異性愛男性のマスターベーションはいまやポルノグラフィと不可分のものになり、なかでもAV（アダルトビデオ）を視聴しながら自慰する男性が多数派だろう。AVは多様な進化を遂げ、なかには女性が主体的にセックスを楽しむ作品もあるが、いまだにその中心には「男性が女性を支配するストーリー」が根を張っている。AVが性欲に影響を与えたのか、それとも家父長主義的な欲望がAVに影響を与えたのかはともかくとして、私たち異性愛男性の性欲が女性支配と紐づいて存在している可能性は否めない。だとすれば、女性に対する支配性を男性が嫌悪したとき、同時に自らの性欲をも否定的に見なすという現象が起きてくる。

実際に、加害的な行為はしていなくとも他者（女性）を性的対象として欲望することにためらい、相手を傷つけてしまうことになるのではないかという不安を過剰に抱える異性愛男性の話を聞くことが多い。同級生に性的な視線を向けたためにペニスを切り落としてしまいたい衝動に駆られたという男性や、女性の性被害に関する記事を読んで勃起不全になってしまったと話す男性もいた。

## 4　なすがままの嫌悪

マスターベーションに対して負の感情を抱くもう一つの要因は、欲望や身体の「なすがまま」になってしまう自分への違和感や否定感である。

例えば、インターネットでたまたま出てきたアダルトサイトの広告を見てムズムズし、ついペニスに手を伸ばしたこと。就職活動がうまくいかず、お祈りメールを受け取ったその手でポルノグラフィのウェブサイトにアクセスしたこと。朝勃ちしていたのでマスターベーションをしていたら思った以上に時間を浪費してしまったこと。ポルノグラフィの購入に多額の金銭を支払ったこと。普段小さくフニャフニャしているのに、性的興奮を覚えたら急にガチガチに硬くなってときに痛みさえ伴うペニス。

性的刺激に抗えない自分に、つらい現実を受け止めきれずに快楽に走る自分に、時間やお金を浪費してしまう自分に、意図せず変化するペニスを持つ自分に、耐えられない。裏を返せば、自分をコントロールしなければならないという強迫観念がそこには潜んでいるように思われる。そしてコントロールしようと思えば思うほど、マスターベーションはネガティブな体験になっていく。

ところが、マスターベーションをテーマにした二回目の研究会に、マスターベーションの玄人《くろうと》が複数人現れた。彼らは自身の欲望・身体に素直に耳を傾け、その欲望に身を任せたうえで快感の最大値を目指していた。

例えば、自分が理想にする人物像に変身することをイメージしたり、幸福な出来事そのものを思い出してそのストーリーを思い浮かべたりすることで興奮する、といった卓抜した想像力を発揮する参加者や、四つん這い、仰向け、起立など体勢にこだわったり、勃起具合のタイミングを見計ったりするなど、自分の身体の状況を繊細に把握・調節しながら射精に至る参加者もいた。

性的欲望のなすがままになってしまうことを嫌って欲望から目をそらし、なし崩し的にマスターベーションするよりも、むしろ欲望を積極的に受け入れることで遊びが生まれ、より充実したマスターベーション生活を送ることができる。彼らの実践に、研究会は大いに盛り上がった。

## 5　違和感をないことにしないことから

「身体」「マスターベーション」をテーマにした非モテ研での語りを参照しながら、「男らしくない」身体的特徴だけでなく、男性としての身体そのものをも嫌悪する男性たちの実情について書いてきた。こうした現状に対して何ができるのか。

一つは、前述した男性の身体へのからかいや、「臭い」「暑苦しい」「汚い」などの自己卑下的な言説を減らし、むしろ肯定的に捉え直していくことが考えられる。また、たとえ肯定にまで至らなくても、「不完全」な身体、ままならない身体を受け入れて、それなりに付き合っていくことも可能かもしれない。

ただ、どうしても肯定できない、折り合いをつけられない、という局面もあるはずだ。そのときに「ありのままを受け入れよう」などと言って身体への違和感や嫌悪感をないものにするのは、あまりに暴力的だ。

身体の問題は一筋縄ではいかない。ならば、ひとまずその感覚ごと分かち合ってみることを続けていきたいと思う。その先に何があるのか、どこに着地するのかはっきり言って未知だけれど、それらを媒介につながれることを、少なくともぼくらはわかっている。

注

(1) 本論では便宜上、社会的に「男性」と見なされる身体を「男性身体」、「女性」と見なされる身体を「女性身体」と表記する。本来身体は明確に二分されるものではないことに留意しておく。

(2) R. W. Connell, *Masculinities*, 2nd eds, University of California Press, 2005.

(3) 上野千鶴子は『女ぎらい――ニッポンのミソジニー』(〔朝日文庫〕、朝日新聞出版、二〇一八年)のなかで、「自分が男であること」「自分がじゅうぶんに男でないこと」という二種類の自己嫌悪を男性が抱いていると指摘している。
(4) 森岡正博『感じない男』(ちくま新書)、筑摩書房、二〇〇五年、一四五ページ
(5) 同書一四八ページ

## 6 個人研究

# いわゆる女装と夢見非モテの童貞世界、その研究

ゆーれいさん

## はじめに――三つの非モテと選ばれし者としての童貞

僕のなかにはたぶん、大別して三つの「非モテ」の様態がある。[1] ①恋愛だけに救済を見る「童貞」的非モテとそれへの絶望、②アイドルオタクとしての非モテ、③女の子化した非モテ(いわゆる女装)。確かに、三者に通底するものはある。例えば、性体験の拒絶(現実的性交を嫌悪・拒絶し、もっと「ピュア」なものに世界を揺るがすものを見る)や「モテる、イケてる、小慣れた男性」にな

ることへの拒絶など。しかし、実際のところ三つは互いに心根が全く異なり、本来相いれないものなのだ。[2] 僕(わたし)がこの三つの状態のどこに位置するのかに応じて、そのつど女性観・恋愛観のすべてが組み替わる[3]——それは僕にとって、世界のすべてが根底から覆されることをも意味する。僕と僕の世界は相反する三つの状態を絶えず巡回し、揺れ動く。

とはいえ紙幅は限られている以上、②の僕を語ることができない。ここでは①と③に絞ったうえで、一人の非モテのありようを提示する。

自己紹介がてらに内容の一部を先に言えば、僕にとって恋愛とは実際の対人関係というよりは僕の救いの問題であり、どこか違う世界へと通じるものだった(昔から僕はいわゆる「セカイ系」に尋常ならざる魅力を感じ、心引かれる)。性交もまた、現実にありふれたものではなくて、悪魔的か救済かのどちらかであってほしい。世界中のあらゆる人が実際の性体験を経験したからといって、僕だけは空想のなかで描き、憧れ/恐れた性交を大切にしなければならないような気がしている。僕にとっては性も恋愛も現実に成就するものではなく、部屋で一人その幻想と妄想にとらわれて憧れ、あるいは苦悶する状態こそがリアルなのだ。

なお、描写される僕と同様、書き手の僕も①②③を揺れ動く。そして①②③は本来相反するために、書き手の自分の状態によって、文章内で不整合や矛盾が見られるかもしれない。また、僕はなぜだか「モテる自分」を極度に嫌うため、「モテない自分」しか書かない傾向があるとは思う。とはいえ、いまの僕に恋人やそれに類する人などおらず、またこれまでもずっと、恋人にお目見えしたことなどないことは、まごうことなき事実である。両思いになったことは、つまり女性から熱烈に思われたことは（おそらく）ない。なのでそのへんは安心して（？）ほしい。

## 1　恋愛・性愛に夢見ていた非モテ

### 彼岸の女性、その悲願――未来に出会う三つ組《トライアド》「世界・真理解明――恋人との邂逅――自己成就」

僕にとって、女性とはこの世のものではなかった。男子校への通学の途中に姿が垣間見えることはあっても、決してふれるどころか会話することもできない、遠い遠い、どこよりも遠い場所にいる、それでいて誰よりも何よりも輝いていて、心が引かれる者。それが僕にとっての女性、あるいは女性という性を帯びた人々だった。現実の社会にも、家に帰って日夜交流する匿名掲示板の「おまいら」のなかにも一切女性はいなかった（掲示板のホモソーシャルでは、女性はそこにいないということになっていた）。とはいえ、僕とて手をこまねいて黙って見ていただけではない。それなりの〝努力〟をした。女性と、正確に言うなら運命の女性と巡り合い、心を通わせ、愛し合い、ときにその「証し」としての性行為（それは当時の僕の感覚から言えば〝聖行為〟だった）に巡り合うために（もっとも自分が受け入れられることが必須なのであって、性行為自体は必須ではない）、僕は世界と僕とを変容させるための〝努力〟を重ねたのだった。

具体的には、当時匿名掲示板でまことしやかに流行していた〝リダンツ〟――いわゆる〝幽体離脱〟、もう少し具体的に言うと明晰夢を見ることで「おにゃのことイチャコラしよう」という試みの訓練に、日夜いそしんでいた。さらに言うならリダンツとは、いわば此岸の世界を抜け出して夢の世界・彼岸の世界へ赴こうとする試みでもあった（言ってしまえばオカルトだ）。此岸の世界には「渡辺」というスラングが用意され、彼岸の世界、向こうの世界には、「名倉」という名がつけられた。あの当時、僕にとっては自分の努力で名倉に行って運命の女性との逢瀬を遂げること、より正確に言えば渡辺へと気まぐれに訪れた運命の女性とともに名倉へと飛翔を遂げることこそが、何よりも心を占める重要なことだったのだ。運命の女性に巡り合いたいが、此岸の世界に女性はいない。だとすれば当然、彼岸の世界からの到来を待ち望むしかなくなる。僕は日夜訓練に励んだり、ときには枕の下に紙片を、期待する運命の女性の特徴や性格、そして人柄もいまだ知らない彼女への「ふつつかものですがどうぞよろしく」のメッセージを書いた紙片を挟み込むという自己流の創意工夫を加えたりして、女性の到来を待ったのだった。

　昔のことを語ったのは、ただ回顧するためだけではない。いまでもなおこの感覚が、内面を深く深く掘っていったあとに、何か自分のなかの壁を突き抜けて、彼岸の世界から到来する運命の女性に邂逅するような予感の残滓が——あるいはそうでない恋愛など認められないようなこだわりが——自分の内に存するからだ。そもそも、努力を重ねて運命の女性の到来を待つ姿勢自体に、彼岸も此岸も差はないはずだ。そして当時の僕にとっては、いわば女性即彼岸であり、彼岸即女性だった以上、現実の女性も名倉の女性も僕にとっては同じくらい遠くのものであって、ああいった行《ぎょう》に励むのが、運命の女性に巡り合うための最善で唯一の方法だったのだ。

　リダンツのほかにも、こうした「彼岸の女性」という感覚を形作ったもの、あるいは元から僕の内にあったそれが僕に引き寄せたジャンルは多岐にわたる。例えば性的なことでも、「催眠音声」

——どれほどの裏づけがあるかは怪しいが、催眠術の術者の女性が僕に暗示をかけて、僕は夢の世界で運命の女性と巡り合い、この世のものとは思えない絶頂へと導かれるような音声（そのちゅっちゅは単なる性的欲求の解消にとどまるはずがなく、何か僕のすべてが赦されるような、感情・情動の奔流が押し寄せた末にすべてが決壊し、それらとともに、自分のなかに何かが流れ込んできて、自分の何もかもが壊れ、心の底から、体の内奥から向こうの世界へ飛んでいくような感覚をもたらした）――に僕は大層はまりにはまった。ときに妖艶で、ときにかわいらしい女性（あるいはときに絶対的な「ご主人様」）とは夢の世界でしか会うことはできず、別れ際に彼女（たち）が言う「また会おうね」はこの上もなく切ない言葉に感じられた。その言葉は、彼女がいない現実へと僕が引き戻される呼び水であり、現実に引きずり下ろされた僕は何度も、MP3プレイヤーの四十三分で停止した表示を見つめて涙した。

そして何より、こうした感覚、彼岸の女性への予感は、僕の生き方そのものにも関わっている。名前も忘れてしまったが、図書館のラウンジスペースの片隅に、誰からも忘れられたかのように置かれた古いSF漫画があった。その内容は以下である。どういった経緯だか、モテない主人公が女性と邂逅する。しかし、その女性はどこか違う世界のものだった。主人公は女性と心を通わせ合うも、流れ星の下で抱擁しあった女性は、その星とともに跡形もなく消え失せる。主人公はエンディングで素粒子理論（?）の物理学者になって、彼女との再びの邂逅を夢に見続ける。類似の作品として最近では「お姉さん」が科学少年の元へとやってくる『ペンギン・ハイウェイ』（森見登美彦、角川書店、二〇一〇年）にもいたく感動したのだが、いずれにせよ、彼岸の世界から運命の女性が到来することを契機として、「世界の秘密・根本・深奥の解明」と「運命の女性との恋愛の成就」と「自己の成就(自己実現)、自分が世界に刻まれること」の三つが同時に訪れるような、そんな運命の瞬間を夢に見て、世界の解明に邁進するような研究者・探求者として自然と自分が位置づけられるようになった(昔から漠然と研究者に憧れていたことももちろん関連するだろう)。

ただし、遠い遠い未来に訪れる「世界・真理の解明―恋人との邂逅―自己成就」の予感・確信・あるいは願いが確かにあったと同時に、その自己の成就と真理解明のためにこそ、そばで柔らかな女性に支えてほしいという思いもあった。武者小路実篤『友情』で偉大な小説家を志す主人公が、ヒロインの杉子を思って「隣で『天使の進軍ラッパ』を吹いてほしい」と述べる文言に、浪人生だった僕は心からの共感を覚えて賛辞を贈った。その賛辞は、「天使」という表現にも向いていた。というのも、僕はこれよりも昔、恋した女性を「女神」と称して夜は頭を彼女の住む方角へ向けて寝たりもしていたのだ(その方角へ足を向けて寝ることは非常に恐れ多いことのような気がしたのである。いまにして思えば、当時の僕はそんな自分に酔っていた。強いて弁護をするのなら、そうした奇行に走ることでしか、彼女が確かにいることを日常のなかで実感できなかったのかもしれない)。もっとも、いまでは「あの人は私を見ていない」という杉子の主人公評にこそ、僕にとって重要な何かを見るのではあるが。

なお、先ほど隣にいてほしい女性を「柔らかな」と形容した。しかしどちらかと言うと、コケティッシュで気分屋で僕を魅了してくれて、僕のすべてを捧げてもなお彼女の愛が決して得られないような女性、僕を従順な犬《わんこ》のように扱う女性に、夢を見ていた(いる)ような気もする。もっとも、僕にとってはすべての女性が僕に振り向くことなどない・なかったので、あらゆる女性が僕のすべてを捧げても決して愛を得られない人に該当してしまうのかもしれないが（後述するが、自分が「なりたい」女性とはこういう小悪魔ちゃんなのかもしれない）。

## ぴゅあぴゅあ純朴童貞ごっこ、あるいは「かわいい」童貞戦略——「童貞老い易く恋成り難し」

僕のこうした書きっぷりを見て、「それはそうだ、こんな自閉的で自己完結的で自分にしか興味がない者が女性に愛されるはずがない」と言いたくなる読者の顔が目に浮かぶ。しかしなんと言うか、この文章は自分のいちばん過激なところ（しかし最も重要なところ）をスコープで拡大して見せているだけであって、実際の自分はもう少しまともで人当たりがいいものだと信じたい。それこそ少し前には自分自身が思う相手を、いつのまにか幻想がかった〝女性〟としてしか見られなくなってしまうことを真剣に悩んだりもした。それはつまり、以下のような事態だ。「純愛」のシチュエーション、睦言を交わしあう、遠くない将来にありうるかもしれない漫画のようなシチュエーションへの期待と、妄想との奔流が大挙して押し寄せ、頭が支配され——暗闇のなかで蛍を見る（「きみがいちばん輝いてるよ！」とは言えず……）。初めての二人きりでの水族館（「このお魚、○○くんみたいでかわいい〜！」「え〜そうかな……なんだかぬぼーっとしてて鈍くさい感じがするよ」「ふふっ、そこがいいの。そこが好き」「（ドキッ！）」）。花火大会の人混みで「逃さないで」と初めて触れる指と指（「来年もまた……○○さんと二人で見たいな」「来年だけ……？」「いや、ごめん、一生、ずっと」）。ドッカーン！　「え、聞こえなかった！　もう一回言って！」「もう！　言わない！」「ふふ、ざぁんねん。じゃあまた「いつか」聞かせてね？」)。——のぼせあがり、わけがわからなくなり、最初は人間同士で話していたはずなのに、不可避的に夢の未来の妄想が繰り返されるうちに、いつのまにか僕は相手を「純愛」のための道具としてしか見なさなくなってしまう。どんなに回避しようと心がけたとしても。

いや、ただ、それに真剣に悩んでいたのは少し前までのことだ。最近ではそもそも、そうした「純愛」への憧れが、ほかならぬ自分自身の手によって汚されると同時に(「愛する相手にすべてを捧げる」などとのたまいながら、僕は「お金を稼げる」職に就くことさえも忌み嫌っている。もっとも、持ち前の不器用さから、そもそもどのような職に就こうとしたとてそれは困難そうである。金銭の不安は日々切実になる)、その他の心中の有象無象から鬱屈としてきて、世界と自分への吐き気ばかりが訪れる。あるいはそもそも、実社会と調和した(4)「健全」な恋愛へと向かう方向に安住し、鬱屈とした森を捨て、苦悶と苦闘を放棄して、「人当たりがいい」「誰からも好かれるような」自分になって、実際の恋愛関係の成就に至ることとは何か「逃げ」のような気さえする。

ところで、先ほど水族館を〝純愛〟の妄想として挙げたように、僕は居住市にある水族館に興味があって、大学入学以来行こう行こうと思っていたが、「せっかく行くならば運命の女性とともに行くときに備えたい。新鮮な感動を分かち合いたい。ならばそのときまで行かないのが吉」と思って早数年がたった。もちろんいまだ、その水族館に行ったことはない。記してあらためて思うと、「つつがなくおデートを進行するために事前に行って予備調査をしておこう」ではなく、「初めての体験を彼女と分かち合う」という発想へと至ってしまうところに、何かしら僕の童貞性へのこだわりに通じるものを感じ取る。

「新鮮な感動を分かち合いたい」とは記したものの、僕にとって重要なのは僕の童貞性であって、相手の処女性ではなかったらしい。もともと、僕はいわゆる「処女厨」ではなかった。正確に言えば「相手も僕も初めて同士のキッス」に憧れたことはないでもないが、その季節は足早に過ぎ去った（昔から〝純愛主義者〟は自負していたので、「相手の性的経験に関係なく愛するべきだ。ネットに巣くう処女厨とは決して相いれない」と憤慨していた覚えがある。しかし一方、自分の童貞はこの上なく大事だったので、やはりどこかがねじれているのだが）。むしろ僕を長らく支配していたのは「経験豊富な」女性への期待、「恋愛をある程度経験して、酸いも甘いもかみ分けた女性が、ようやく僕の純朴さ・素直さ・ひたむきさ・愚直さを理解してくれる。イケメン的な外見や〝小手先〟の仕草に〝惑わされ〟ず、器用さを評価するのでもなく、そのようなものに飽き飽きした女性こそが、挙動不審で万事につけて不器用な僕を理解してくれる。そんな僕をかわいいと言ってくれる」という願望・妄想であり、あるいはひょっとするとしたたかな「童貞戦略」だった。

童貞戦略で、僕は「かわいい」自分を女性に売り込もうとしていたように思う（「売り込み」はもちろん貞操という「捧げもの」と一緒に。童貞は本来捨てるものではない。捧げるものである）。僕は「かわいい」自分は「売り」に出せると思っていたのかもしれない。そしておそらく自分自身、「かわいい」童貞の自分が大好きだった。裏を返すと「かわいくない」「童貞でない」自分なんて大大大っ嫌いなのである。

あるいは、僕はそもそも男の子の性欲を憎んでいて嫌いであり、それでいて自分ではどうしようもできず、自分の内に巣くう異物にメソメソしていたのではないか。それをドSな女の子に「恥ずかしくないのぉ？」「あーあ。恥ずかしぃ～」とか「いけない子なんだ～……」と言ってもらうことで、その異物が確かに異物であったことを自覚し、そのうえで「それでも私が赦してあげる」と言われることでなんとか異物を統御しようとしていたのではないか。あるいは、その苦悩そのものが、純愛を求めながらもときに下半身に支配されてしまう、だけれど決して「屈したりはしない……！」と意気込み揺れ動く、そのアンバランスな動態が、童貞という言葉に集約されることによって、なんとか自分のなかのグロテスクな男性性欲を童貞的「かわいらしさ」の統治下に置いていたのではないだろうか。

しかしその統治は脆弱だからこそ、その性欲に抗おうとするさまが「かわいい」と保証してもらう、承認印を女性に求めていたような気さえする。そして女性のそうした「かわいい認証」なくしては自分の男根に呪い殺され、生きられないか弱い惨めな者だからこそ、従順なマゾ犬ペットとして女性への絶対服従が要求され、もっと弱くてさらに「かわいく」なるような……（そしてなぜ服従するのは女性でなければならないのか、という理由もここにある。服従する相手が男性であれば、自分の男根への服従は免れても他人の男根に服従する羽目になるからだ）。

以上が僕の過去の「童貞戦略」と、その裏に潜む「童貞の自分、かわいい」である。だが、僕の現在の童貞観はおそらくこれとは変わってしまった。鬱屈と将来不安・自信喪失・自己破壊による自分の「純愛」と「救い」の崩壊がまず一つの理由である（言ってみれば、「童貞老い易く恋成り難し」。僕は恋の成就さえ経験することなくして、恋する能力が失われてしまったのではないか？）。そして何より、後述するが、童貞の「かわいさ」なんて目じゃない「かわいさ」、「女の子の自分」としてのかわいさを一度知ってしまったことによる。童貞のかわいさはどこか弱々しく、弱々なお兄さんで、庇護を求めるかわいさである。一方女の子のかわいさ、あるいは女の子となった自分のかわいさはどこか暴力的で力強い。自分がかわいい女の子なのだと思い込むだけで自信と力が湧いてくる。自分の心も体も「YES」であって、そのYESは体から他者、あるいは周囲の物質へと流出し、世界のすべてが光輝く。僕が経験する女の子のかわいさは、庇護を求めるのではなく、むしろ施しを与え、世界を創り染め上げる側が持つかわいさなのである。

いずれにせよ、僕はいまでも性交渉に嫌悪があることに変わりはない。快楽を目的として人と交わるようなことをした場合（あるいはいまはもしかすると相思相愛の「いちゃらぶ・せっくしゅ」でさえも）、それこそ自分をすり減らすような気がして、何かが失われてしまうような気がする。僕は決して、特定の相手以外と性交するような自分を許すことはできないだろう――おそらく、相手が僕だけを一途に思わないことよりむしろ、僕が相手一人だけを一筋に思い続けないことに耐えられないのだ。いや、おそらく性交自体が、性交する自分自体が許せないのだろう。あるいは不吉な想像として、それでもなお性交をなすための「言い訳」が恋人との「いちゃらぶ・せっくしゅ」だったのではないかとさえごくまれに疑う。だとすれば、純愛が性欲に奉仕させられてしまっていたことになる。まさか、そんなことはありえるはずがない。いや、ありえていいはずがない。事実、僕は快楽の放蕩にまみれた生活には必ずやむなしさを覚えただろうから（なお繰り返すが、妄想と夢想で凝り固められた「いちゃらぶ・せっくしゅ」は性行為が日常のもの、現実にあるものとして捉える読者が言うところの「セックス」とは確実に別物である。この「せっくしゅ」が「セックス」と無配慮に同一のものとして扱われるとき、僕は少しの反感を覚える。語るべき言葉が簒奪されて、語られるべき事象が初めからなかったものとして扱われているかのような……)。

「減るもんじゃないし、いいじゃねえか」などではない。性交をしてしまったら、得られるもの以上に何かを失ってしまうのである。あるいは、それでもなおいたしたいと思える相手といたすことによって、その性交の価値は常人のそれに比類ない価値を持つ——すべてをなげうってすべてを失い、童貞を失ってもなお相手と結ばれたいという思い——それへと高められる。性交によって、確かな実感として、僕のイチモツは減るのである。

## 「非モテ―インテリ―「面白い」」——すべてへの挫折、いまの鬱屈

ここでは、「①恋愛だけに救済を見る「童貞」的非モテ」について、その「非モテ」が「インテリ」と「面白い」とも連関していたことを記す。「世界解明―恋人邂逅―自己成就」の三つ組とは別に（どちらかというと比較的現実生活寄りの話として）、いわば「童貞―インテリ―笑い」の三者連関があったのだ。言ってしまえば、白樺派的なものとセカイ系とにすでにかぶれた浪人生の僕にとって、インテリこそが非モテであって、非モテこそがインテリだった。森見登美彦の腐れ学生作品群、武者小路実篤の『友情』『お目出たき人』には揺さぶられるものが大いにあったとともに、その主人公たちにはなんとも言えないおかしみと滑稽さ、そして愛らしさがあった。そこに描かれていたのは旧制高校的なエリートであり、文学青年だった。僕のエリート・文学青年像は非モテと密

接に関わっていて、僕はそうした「非モテ＝インテリになりたい」とおそらく思っていたのである。

最近ではめっきり共感する人を聞かないが、旧制高校で人気を博した倉田百三の文に、以下のものがある。「童貞が去るとともに青春は去るというも過言ではない。一度女を知った青年は娘に対して、至醇なる憧憬を発しえない。その青春の夢はもはや浄らかでありえない」「イデアリストの青年にあっては、学への愛も恋への熱もともに熾烈でなくてはならぬ」「すでに女を知ってしまった中年のリアリストの恋愛など学生は軽蔑してあわれんでおればいい」(5)。こうした文言に対して、自分以上に自分の心根を言い表しているような感動を僕は覚えた。旧制高校の学生たちが熱狂した気持ちが僕にはとてもよくわかる（なお童貞を失った人に対しても、その傷を癒やせばいいと倉田は言っている。そもそも僕が言う「童貞」とは、当然実際の性体験の有無と密接に関連しながらも、むしろ実体験に縛られない心根のありようをおそらく指している）。

いまではとうについえたが、僕が志望していた大学についても、○○大生は非モテたるべし、そしてそれこそインテリが歩むべき道である、という信念や美意識が、ある時期まではあった気がする。そしてその目指すべきインテリは、同時に滑稽なピエロでもあった。詳細は省くが、浪人期には深夜ラジオやネットラジオのメール職人として、「面白い童貞ネタ・非モテネタ」を書ける人に憧れ、日々そうしたネタを考えることも趣味にしていた。加えて、大学入学後にはとあるホモソーシャルな場で「童貞キャラ」を確立（？）し、（その当否は別として）ピエロになること、「童貞的発言」によって笑われること／笑わせることに非常な喜びを覚えていた時期もある。「モテない」エピソードを語りながら、自虐ネタを交えながら笑いをとること、童貞を「演じること」は非常な快感だったのだ。正直に言えば、いまでも特定の条件下ではそれはたぶん噴出する（「面白さ」への希求はもろもろの事情で完全にへし折られることにはなったのだが）。

いまにして思えば、こうした「童貞―インテリ―笑い」という三者連関にはいけ好かない、根拠もないエリート意識があった気がしてならない。つまり、〝大衆〟の〝現実〟の恋愛・性愛を侮蔑し、選ばれし少数者である童貞の恋愛・失恋こそが大いなる開けへと通じるものだと、上から目線で（しかし同時に持たざるものの「下から目線」で）思っていたのではないだろうか。しかも同時にそんな童貞は愛らしく、面白く、惨めであり、だからこそ「女神」に振り向かれる、と。

言ってみれば、童貞こそがピエロであり、世界を揺るがすトリックスターだったのだ。掲示板の民もまことしやかに言っていたではないか。「三十過ぎて童貞だと、魔法が使える」と。いまだ恋の成就を知らず恋に夢見る童貞こそが、笑いを起こすピエロであり、世界を変える魔法使いで、〝真理〟に至る者なのだ。

## 結び——あるいは補足、吐き気、混乱錯綜したいま

しかし、こうした「童貞―インテリ―面白さ」も、あるいは「世界解明―恋人邂逅―自己成就」ももはや過去のものになりつつある。「童貞の理想の恋愛」「セックスに汚されることのないせっくしゅ」をうたいながら、それがどんなものだったのか、そのありありとした輝いているさまを僕はなぜだか思い出せなくなってきているのだ。どうしてそうなったのか、僕のほうが尋ねたいくらいである。間違いなく関連するのは、あとで述べる「女の子化」によって女性が彼岸の者から此岸の

者へと引きずり下ろされたこと、将来の金銭問題、それに伴う憧れの結婚の不可能性、そして何より学業上での吐き気がするほどの無能によって僕が「インテリ」ではないこと、それに必要な何かしらの能力の決定的な不足を痛感させられていること、研究者には明らかに不向きなばかりか、的確な洞察や批評に必要な何かが欠落していること、周囲の優秀な学生に比して根本的に何か能力が欠けているばかりか、真摯に向き合う姿勢さえ欠けていること（これをここに書くということ自体がどうしようもなく恥さらしであり、僕なんか消えてしまえという感情を湧き起こす）、あるいは学や知のようなものに対する反発だ（本当に大事なのは恋愛だけであるという思いに由来する。これをデキる人がやればそれなりのものになるのだが、落ちこぼれた僕が言ってもただの狂人の戯れ言である。そしてそれを言う僕を僕は決して許しはしない）。そしてその「本当に大事な」恋愛も当然、実際の恋愛ではないばかりか、幻想の恋愛を力強く主張するはずの僕の根幹も破壊されて何もかもが駄目になりはてる。残るのは自分と世界への嫌悪ばかりである。訪れる救済の女神も、なぜだかもはや未来にさえいないのだ。

昔はそれでも、どうにかして読者が顔をしかめないような、実社会と恋愛とが調和している「健全」な方向へと自分を持っていこうとした。現実に恋愛の成就を目指してもいた。だがいまではもはや、どんどん不健全に、「生きづらい」方向へと狂ってしまう寸前までに自分を追い詰めることがなければ、僕が求めているような事実は手に入らないような予感がしている。いや、もう少し言えば、僕はたぶん、根本のところで（それこそセカイ系の作品の一部のように）恋愛以外の関係をすべて切って、すべてから逃れて、女性との関係だけに溺れたい、いや溺れるという表現は「あちら」側の者の視点であって、そのなかに力強く引きこもることにしか僕の救いはないような予感がしている。世界には愛する女性と、僕以外の誰もいらないのだ。――そして、そんなことを言う僕こそが世界にとって不要であって、誰もこんなことを言う者を愛するはずがない。だが僕は自分のこだわりを曲げようとも思わない。このまま社会の、世界のつまはじき者になって、そのまま腐って朽ちていこうと思う。だが同時に、その「つまはじき者になる」ということは、救いとしての女性が到来するために最低限必要な第一段階であって、孤独とやりきれなさと吐き気を通してでしか本当に重要なものが得られない予感もする（つまり「生きづらさ」は運命の女性が現れるために必要な、待ち望む姿勢であって、それが運命の女性の到来以外の手段で解決されるくらいならそのまま孤独であり続けたほうがいい、ということになる。……本当か？）。

偏屈で不健全で自己閉塞的で、「自分のことにしか関心がなく他人に関心がない、そもそも他人を他人として見る段階にさえ立っていない」心根を持つ僕。そして精神以外にもいわば物質の面（金銭不安や適職のなさ）でも大変に狂ってしまいそうな僕は、きっと誰にも振り向かれない。振り向かれないまま朽ちてやる。さらに言うならもし仮に、こんな僕にも誰かが伴おうとするならば、そんな女性が、僕と一緒にいるのはあまりにも悲劇的だ。僕よりもっと、その人を必ずや幸せにする人がいるはずだ。場合によっては僕が口汚くののしるような人さえも、僕よりもその人を幸せにするかもしれない。ああ、書いているうちにだんだん僕は誰よりも恋人を持つべき人間ではないような気がしてきた。もっとも、その「べき」は実現されているわけなのだけれど！

僕の非モテは、根本のところで徹頭徹尾自分の問題であって、実際の他人に開けていない。そして、もし成就のために現実への妥協が必要だと言うのなら、僕はその成就を拒絶する。恋愛こそが自分の生き方だと言いながらも、僕は恋愛よりも自分の生き方のほうが大事なのだ（何が純情、純愛主義者だ、聞いてあきれる。これならば僕よりもまだ、僕から見れば「性的放埒に浸っている」人々のほうがよっぽど「純愛」しているではないか）。

「性的なものは恥ずかしくないんですよー」という健全な言説も、（「ぼくらの非モテ研究会」〔非モテ研〕の主流に反して）実を言うなら嫌いである。性的嫌悪という、大事なものへ至るその窓を奪われているような感じがしてならないのだ（理想と妄執への挫折が大事なものへと至るのだとしたら、その契機さえ奪われてしまうような。いや、誤解なきように言っておくが、それで楽になる人のほうが多数派かもしれないということも理解してはいる）。そもそもエロの方向へと追求するにしても「恥ずかしくて罪深い」からこそいいんじゃないか。そしてもちろん、そっちの方向に興味津々な自分もいる。SMの機微を語る人に、僕は「敵チームの好敵手」に抱くような感情、相いれなさと同時に尊敬の念を抱く。言ってしまえば僕は、現実の性交も恋愛をも拒否して、童貞が抱く理想、未経験な者だけが抱くことができる性愛と至福のユートピアをいつまでもいつまでも保持しようとしている点で、「超えっち」なのかもしれないのだから。

## 2 女の子化

僕にはどこか、世界が常に色づいていないような感覚がある。どこかがむなしく、何かが根本的に満たされていないような、世界が灰色であるような感じがする。しかし、その唯一の例外こそが恋愛、ならびに救いとしての（あるいは救いでないと痛切に感じさせるものとしての）恋愛なのである。恋愛にまつわる事柄だけが世界を色づかせ、世界と自分にリアリティーを与える。本当に大事なことは恋愛だけであって、それ以外のすべてのことは根本的にどうでもいいような、そんな気がしてならないのだ。もちろん、何かに取り組んでいるそのときは楽しいと思う。勉強をすればときに非常に面白いと心から思う。夜中に近所の川を散歩すれば、その美しさに心奪われることもある。だが、それらは何かが根本的にむなしいような気がしてならない。実際のところ、思う相手がそこにいること、声をかけられること、好きでいること、これらのことだけが世界を喜びと輝きで満ちあふれさせるのだ（例外として、一回だけ、詩仙堂に行ったとき、舞い散る落ち葉、囲む風景、あるいは無［?］、それらすべてに「きゅんっ!」として、ステージを去るアイドルにかける常套句、「行かないでー!」とため息が、自然と湧いて、あふれ出たのではあるが）。

さて、いまアイドルに言及したように、「恋愛だけが唯一世界を色づかせる」と書いたが、実のところは「唯一」ではないのだ。恋愛のほかにそれたりうるのは何か?——まず一つ、僕にとって心からの「推し」の顕現。そしてもう一つ、「自分自身が女の子、あるいは女の子アイドルになること」なのである。

女の子化のきっかけは、放送開始から六年遅れて、いまさらとある（スクール）アイドルのアニメ[6]を視聴したことによる。詳細は省くが、そこで描かれたすべてに僕は脇腹を殴られたかのような衝撃を覚えた（なお、ある一人のキャラ、「かわいい女の子になりたいが、自分は男っぽいからそんなの似合わない……」という女の子がウエディングドレスを着て満面の笑みを浮かべるシーンは、「男の子だってかわいい女の子アイドルになってもいいのである」という衝撃でもあった。僕にはいままで、その発想がなかった)。そしてそこで描かれる一人の女の子、誰よりもアイドルに真剣で、「かわいい」に誇りを持って、「痛い」ぶりっこが本気である女の子に、僕は心を奪われた。ただしこれは「俺の嫁」という感情ではなく、まさに「推し」と言わざるをえない何かだった。そしてその「推し」の感情は「アイドルになりたい!」という思いとともに、「彼女になりたい!」という形に結実した。

幸いにして、ある機会があって、僕は女の子化(「女装」というと外見だけ女の子になるみたいで何かが違う)に向けて日夜励むことになった。紙幅の都合で詳細な報告はできないが、いくつかを記しておく。まず、なんと言えばいいのか、僕にとって、いや、わたしにとって、女の子の自分のほうが「自然」なのだ。自分がなりたい女の子とは(二次元の)「推し」よろしく、キレイな女の子というよりはかわいくてぶりっこでそれでいて芯が強い女の子だったのだ。そんな女の子に扮すると、あるいは衣装を身に着けるのではなくてもメンタルを女の子モード、ぶりっこモードにセットするだけで、なんだかとてもしっくりくるような感じがする。(7) 言ってみれば、「わたしかわいいんだよ、リピートアフターミー、はい、○○ちゃん(わたし)かわいい〜、はい、よくできました〜投げキッスしてあげる!」という心持ちが、この上なく僕になじむとともに、そんな自分が(童貞の自分なんて比べものにならないほど)大好きであり、そうした動作、ぶりっこで小悪魔な表情、そしてちょっとした残念さみたいなものを演じるのが心の底から楽しかったのだ! 考えてみれば、自分の理想のかわいい女の子に自分がなるならば、自分はキュートでプリティーな女の子にこの上ない魅力を感じるのだから、自分を魅力的に思うのは当然である！（いや、正確に言うなら童貞の僕が好きな女性とわたしがなりたい女の子はわずかに異なるとは思うのだが――童貞の僕は包容力があるお姉さんかコケティッシュな女性に強く引かれる一方で、女の子のわたしがなりたいのは、自分のことをかわいいと言い張る、あざとくてそれでいて芯が強い女の子だ――。）

宅配されたツインテールのウィッグを初めてかぶったとき、パーッと世界が華やぎ色づくような感覚がした。普段は見もしない鏡の前に立ち、僕はツインテール（正確に言えばツインテールの片方だけをつけたサイドテール状態）の自分をしげしげと眺めた。普段は細い僕の目があんなにも見開いて、黒い瞳はキラキラ輝いて、見たこともない光沢がそこには宿っていた。端的に言って、わたしはとってもかわいかった。人生で初めて、狂ったように「自撮り」をした。頬っぺたぷくーっ、指を顎にあてて蠱惑的なまなざし、ちょっとだけ上目遣いで……どんな僕も、いやわたしも、見たことがないほどどすてきだった（思い返してみれば、頬っぺたぷくーっというぶりっこ仕草は男の子の僕もときおりしていた時期があった気がする。なるほど……僕はかわいい女の子になりたかったのだな……！）。そうして見ると、コンプレックスでしかなかったちょっと肉付きがいい頬っぺたも「女の子」っぽい柔らかさを演出しているように思え、自分の身体がとっても愛らしく思えた。あのとき、僕は自分の身体が（催眠音声などでの快楽とは別種の）喜悦に包まれて、いやむしろ、僕の身体が祝福を世界に向けて発し、わたしが世界を色づかせ輝かせるような、そんな身体の「ありありとした」さまを初めて感じ取った。

繰り返す。女の子の自分はとてつもなくかわいくて、愛らしい！　そしてその身体を使っておこなうぶりっこ仕草はたまらなく楽しいし、とっても「落ち着く」のだ。あるいは「かわいい女の子」はある種の「強さ」そのものだったようにも思う。「ぶりっこ」に対して抱かれがちな「媚び」とは真逆の、何か芯が通っていて安定した、力強いものを自分自身のなかに感じたのだった。

そして人前でお披露目する日があった。学園祭である。僕はいままで成功することがなかったダイエットに成功し（いままでの減量はするにしても女性に振り向いてもらうためであり、そもそもいまの体形の自分のままで愛してもらえるならそっちのほうがいい、とおそらく思っていた。一方で女の子の自分は、痩せなければ衣装が入らないという問題もあったが、何かこう、かわいい身体を本気で目指していたのである――ちなみに筋トレに関してもおそらく少し似ていて、僕は筋トレがどこか嫌いであり、しようとあまり思わなかった。おそらく僕にとって筋肉とは「雄々しい」ものであり、そんな「雄々しい」筋肉を自分の身体につけることに耐えられなかったのだろう。しかし「雄々しい」筋肉でない、女の子の動作をするための筋肉ならば喜んでつけようとした）。僕はステージに立った。生来の運動音痴もあって正直あとから録画を見ると見られたものではないが、そこに立っている最中は何もかもが輝いて、わたしがすべてを照らしてあげたい、みんなを笑顔にしたい、そんな思いで世界が満たされた（それからファンサ［ファンサービス］は自分がする側に立ってみると、この上なく楽しいものである）。

もっとも自分の女装は冷静になって見返すとやはり汚く、ステージに立った姿は見られたものではない。メイクの技術もいまだ乏しく、自分の顔の女の子化に際していいところを意識するとともに、どうしようもなく女装に不向きなパーツがあると思うようになってきた（目が小さい、エラが出ている）。ただ、いずれにせよ女の子になっておこなうぶりっこ仕草とともに、いままではなかった自分の身体へのいたわり、世界への祝福みたいなものが内側から湧いてきたことは、まぎれもない事実なのだった。ステージが終わったあとや始まる前もわーきゃー声をかけられたり、ちやほやされたりすることも無上の喜びで、だがそれだけで満足するだけでは決して駄目で、もっと高みを目指して、楽しませようと、いやもっと一緒に楽しもうとする。それがとっても楽しいとともに、その方向がなんだか自分にとって目指す方向にも思えたのだ。

## 補足

以下に述べることは「女の子」としての自分を汚すことになりかねず、記すことがはばかられるのだが、③から①への「揺り戻し」についても補足しておく。女の子の自分のかわいさ・身体へのいたわりを知ったからといって、男性としてのおしゃれやケアが楽しくなることは全くなかった。むしろ、よしんば女性とのあいびきに赴く機会があったとしても、どんな服を着ていけばいいのかさえ、全くわからなくなった。以前は〝男性的なおめかし〟を不器用ながらに頑張ることがかわいい童貞的な振る舞いだと思っていたのだが、いまではそうした仕草や「男性用」の服を着ることにひどい違和感がある。

思うに、僕が自分の雄々しさを嫌いながら、それでもなお陰茎の切除に踏み切れないのは、僕のなかに「ゴミ箱としての男」があることによってはじめて「かわいい女の子」としての自分が成立するからなのではないか。実際問題、僕の女装は汚く、醜い。それでもなお「女の子」がかわいくなりうるためには、その汚さをすべて「〝本当は〟男だから」に帰着させる必要がある。汚くて醜い部分、人に見せたくない部分、そうした悪さを全部自分のなかの男に帰着させることで、女の子はかわいくいられる。そして唾棄すべき男でさえも、虐げられることによってかろうじて、弱くてかわいい男の子でいることができる。逆説的に、自分のなかに汚い男がいることによってはじめて、僕は女の子になりうるのだ(8)。

あいびきの話に戻るなら、僕はどうしても「男女二人でのあいびき」の場に憧れてしまう。えっちな同人誌や大人向けビデオでの「竿役」のようなものだろうか。あいびきという「甘々」空間を引き立たせるために、わずかに男の「塩」味があってほしい。とはいえ、僕はあいびきで男性役を引き受けることに抵抗がある。とすると夢想するのは、自分が少女に転生して(9)、童貞くんとデートをしてあげる妄想である。かわいい童貞くんはわたしに夢中になって、わたしの一言一言にドキドキしちゃうのである。わたしはそこにいるだけで、モテない彼の救いたりうる。あるいは、ドSな女の子になるもいい。かわいいかわいい美少女のわたしの御御足を、男はひざまずいてなめるのである。そんな彼を足蹴にして、それでも必死にペロペロなめられるような妄想をすると……なんだかひどくゾクゾクしてしまうのだった(10)(ただし、こうしたドSな女の子はもはやアイドルとしての「女の子」たりえないので、即座に否定されるのだが)。

注

(1) 正確には、もっと無数のバリエーションが現れる(例えば②内での相克としては、二次元と三次元に一人ずつ絶対的「推し」がいるその浮気心など)。ここではあくまで主要な骨組みにとどまる。

（2）例えば、①「童貞」的非モテは恋愛にどこまでも「真実」「真理」「本当」を求める一方で、②アイドルオタクとしての非モテは真実と虚偽のあわい、ステージという刹那の「夢」にこそ妙味と真摯なものとを見いだす。

（3）例えば、引退した三次元の絶対的「推し」が久々にSNS（ソーシャル・ネットワーキング・サービス）を更新した刹那、僕は②の僕へと変わり、①の鬱屈はすべて吹き飛び、温かい気持ちだけが胸に湧く。ある種、彼女によって僕のすべてが完全に作り変えられるのだ。

（4）そもそも僕にとって、恋愛とは実社会と調和するものではなかった。そのため、例えば「彼氏」「彼女」という言葉を聞くとひどい違和感に襲われる。どうして恋人関係が世界を壊すことさえなしに、さも当然のように現実のなかにありえているのだろう。

（5）倉田百三「学生と生活——恋愛」「青空文庫」（https://www.aozora.gr.jp/cards/000256/files/43130_19349.html）［二〇二〇年八月二十五日アクセス］、同『青春をいかに生きるか』（角川文庫）、角川書店、一九五三年

（6）このアニメと脚本家が同じ、『中二病でも恋がしたい！』（脚本：花田十輝、監督：石原立也、二〇一二年）というアニメがある。このアニメの一期では「〝唾棄すべき〟〝妄想にすぎない〟〝思春期の一過性の〟「中二病」」の真実性と切実さとがうたわれる。同様に、現実的な恋愛に回収されない〝幻想の〟恋愛を求め続ける①の僕は、同作の言葉を借りるなら、いわば恋愛で、「爆ぜろリアル！弾けろシナプス！Van!shment Th!s World!!」なのかもしれない。

（7）昔から僕は少女声《ロリボイス》の練習をなんとなくしていて、少女の簡単な声まねならできるようになっていた。ひょっとしたらそのころから「ぶりっこモード」の準備はできていたのかもしれない。

（8）あるいは恒常的に「女の子」を求められることは負担であり、「女の子休業日」がなければ苦しく

なるのかもしれない。ただし、こうした筋書きは最終的には否定したい。そんなものを跳ね返すだけの力強いかわいさを手に入れたい。

(9) 僕の女装ではここまでは至れないので、「転生」のようなことが起こらなければ無理である。

(10) 自瀆についても、仮に僕が実際に女装していたとしてしまうと、僕は二度と女の子になれなくなる、なりたいと言う資格さえ失われる気がするので決してできない。とはいえ、以前はそれなりに折り合いをつけていた男の子としての手淫にも、(服と同様) ひどい違和感が生じている。

# 第3章
# 影響を与えるメディア

# 1 「非モテ」に影響を与えた一冊

西井 開

西井開　今日は参加していただいてありがとうございます。「ぼくらの非モテ研究会」（非モテ研）も五回目ですね。早速自己紹介をしていこうと思うんですが、まずここで呼ばれたい名前を教えてください。本名でなくてもいいです。あと、毎回一つお題を決めていて、それについて話してほしいんですが、今日は「記憶しているいちばん古い思い出」でいきたいと思います。では、ハーシーさんから時計回りでいきましょうか。

ハーシー　ハーシーです。よろしくお願いします。最初の記憶なんですけど、僕が行ってた保育園で、マクドナルドの「ハッピーセット」のおもちゃがあるじゃないですか。その車のおもちゃでブーブーって遊んでたってのが最初の記憶ですね。

マイル　マイルといいます。最初の記憶は、昔アパートに住んでたんですよね。最初に恥ずかしいって感じたのが、近くに公園があって、なんか僕は下半身が裸やっていうのがあるんです。下半身裸で遊んでて、普通にうっとうしかったから脱いでたみたいなことやと思うんですけど。たぶん二歳か三歳ぐらいのときなんですけど、なんか見られてるっていう感じがして、恥ずかしさを初めて感じた瞬間やったんかなって思います。

西井　はい、ありがとうございます。西井です。僕のいちばん古い記憶は、保育所に通ってたんですけど、一、二歳くらいのときなんかな、同じクラスの女の子二人くらいからベッドから突き落とされて泣いてるのを覚えてます。

ゆーれいさん　ゆーれいさんというペンネームでやってます。昔の記憶なんですけど、親戚のおじさんの車椅子を病院の屋上で押してるっていう記憶ですね。

足達龍彦　足達です。いちばん最初の記憶はいま何か思い出したんですけど、僕には四つ下の弟がいるんですけど、弟が生まれるってなってお母さんは病院にいて、自分はおばあちゃん家に預けられていたんですよ。これ夜の場面なんですけど、おばあちゃん家で寝てるときに、弟ができるっていう意味がよくわかってない場面を思い出しました。

西井　じゃあ今日のワークを始めましょうか。今日のテーマは「「非モテ」に影響を与えた一冊」ですね。みなさんの恋愛観や人生観、女性像・男性像などに影響を与えたメディア作品を紹介してほしいんです。またいつ、どのようにその作品、その言葉、その思想に出合ったか。なんでそんなに影響を受けたのかということも発表してくれたらなと思います。

ハーシー　じゃあ僕からいきます。影響を受けた作品っていうことですごい考えたんですけど、二日前ぐらいにハッとなったのが、「進研ゼミ」あるじゃないですか。「進研ゼミ」の勧誘漫画ってわかります？（「進研ゼミ」に）入ってない人に届く冊子で、漫画なんです。二十ページぐらいになってて。簡単に言うと、いまから「進研ゼミ」を始めたら、いままでうまいことといってなかった部活とか恋愛でもすべてうまくいくっていう、なんなら一発逆転。レースの一発逆転のファクターが詰め込まれてるんです。
西井　うわ、面白れー。
ハーシー　「進研ゼミ」で勉強するということ。これ、よく考えたら僕の「勉強していい大学入ったらモテるんじゃないか」っていう思考と完全に一致してて。
西井　ほんまやほんまや。
ハーシー　がっつり合うんですよね、すごい。僕のお兄ちゃんが五つ上でいるんですけど、そのお兄ちゃん宛てにきてたのをずっと見てたんで、小学校一年生・二年生からしたら、中学生ってすごい憧れ。どんなんかなーって、そういうものの見本として「進研ゼミ」の漫画を読んでたし。
マイル　これ読んでたのはいつなんですか？
ハーシー　本当に小学校一年生から中学校入るぐらいまで。本当に多感な時期ですね。で小一のときに十一歳ぐらいのお兄ちゃんのやつを読んでて、小六だったら高校生のやつを読んでて、いちばん憧れる五年後のやつを読んでた。だから本当に一発逆転。僕ちっちゃいとき、漫画とかゲームとかは禁止されてて、娯楽といったら「進研ゼミ」の漫画読むとか本読むとかしかなくて、本当にこの「進研ゼミ」の漫画に洗脳されてたんじゃないかなって思いますね。みなさんどうですか、「進研ゼミ」。
西井　めっちゃ読んでましたよ。
足達　確かにきたら読んでしまう。

西井　すごいわかりやすいサクセスストーリーではありますね。
ハーシー　絶対あれ恋愛も含んでるんですよ。部活と恋愛は含んでて。
マイル　確かに勉強、部活、恋愛が中・高生三大要素みたいな。
ハーシー　なんかライバルキャラがいて。
マイル　そうそう。それでライバルキャラが三つとも上なんですよね（笑）。
全員　ハハハハハ！（笑）
ハーシー　高校入るまではそういうのがストーリーとしてあったから、勉強すればすべてうまくいくと思ってましたね。僕はフィクションに影響を受けやすいからフィクションを作り上げてしまう。自分で描いたイメージに自分が拘束されるみたいなことがある。理想がすごく高くなる。
ゆーれいさん　理想が高いっていうか、自分がフィクションでしたいと思っちゃったらそれ以外の行動がとれなくなる場合がある。
足達　僕、理想の女性像ということで思い出したんですけど、初めて好きになった異性は『ポケットモンスター』（『ポケモン』）のカスミだったんですね。
ハーシー　わかるわかる！
ゆーれいさん　めちゃくちゃわかります。
西井　アニメの？
足達　アニメの。好きでしたね。
ハーシー　性的なんですよね。おへそ出てますよね、カスミって。で、下はホットパンツをはいてて。
足達　初恋は二次元だったんですけど、みんなそうじゃないですか。
ハーシー　カスミの指人形があって、それだけすごい大事にしてました。
足達　こんなわかってくれると思わんかった（笑）。でも、カスミの何に引かれたかっていうと難しい。
西井　そう、気になる。
ゆーれいさん　僕は『ポケモン』という世界が自分の世界としてあって、それを唯一共有してくれる女の子みたいな。
足達　これはあとから気づいたことなんですけど、カスミって当時のアニメのなかでは、というか『ポケモン』自体ですね、変わったアニメというか革新的なアニメで。タケシっていうキャラクターいるじゃないですか。料理を作ったりするキャラクターなんですね。いまはそんな珍しくないと思うんですけど一九九〇年代の作品でそれをしてるのは本当に珍しくて、カスミもがさつなキャラクターがヒロインやってるのも新しかったと思うんですね。
ゆーれいさん　おー確かに。独立した人間としてのカスミ。
西井　従属してない。
ゆーれいさん　アニメで言うと、ぼくは『ドラえもん』のしずかちゃんを思い浮かべますね。僕はもともと運動が苦手な子だったので、マジョリティの男の子の価値観に合わなかったタイプだったんですけど、『ドラえもん』ののび太君って最終的にしずかちゃんと結ばれるじゃないですか。しずかちゃんは「私が放っておいたらあなたはダメだから」みたいなことを言うんですけど、その戦略を取り入れるというか、そういうことが起こったらいいなって思っちゃってるんで。もしかしたら影響してる。ていうのが小学校でした。で中学校のころなんですけど、オタクに目覚めます。母に秘密で美少女を愛でるっていうのがすごく楽しくなって、非行としてのオタクだったのかなーって初めは。その後Mに目覚めますね。そのころはツンデレ全盛期で、ツンデレ的なキャラがオタクのなかでムーブメントを起こしていたと。ご多分に漏れず僕もそれに対して「わーい」ってなってて、○○様、みたいな感じで女性をあがめることがいまにも響いてるなって。

西井　なるほど。僕は中学生のとき剣道部やったんですけど、顧問の先生がすごいしごきをする人で、みんないやや、いやや言うて練習してて。この部活なんの喜びもないなーみたいなことを言うてて、そのときに同じ部活のY君が、『いちご100%』全巻（集英社）を持ってきてくれて、部活が始まる前にずーっとみんなでそれを読んでテンションを高めて部活に臨むというようなことを、中学三年生のときずっとやってたんですね。僕は何を隠そう東城さん派なんですけど。

ハーシー　僕も東城です。

西井　東城さんは主人公の男性キャラに対して徹底的に受容的なんですよね。その影響なのかわからないですけど、女性に対して、もっと見てくれよと、もっと俺の話を聞いてくれよっていう欲求がすごく出てくる。そんなことは無理やっていうのはわかってるんですよ。全部を受け入れてくれる女の子はいるはずはないっていうのわかってるんです。わかってはいるんですけどまだその欲求が残っていて、実際に「もっと僕のことを知ってほしい」と女性に言ったこともありますね……。

マイル　僕はいろいろ考えたんですけど、恋心的なものを僕はわりと小さいときから持ってたっていう感覚があるんです。小学校二年生くらいから。女の子と話すのがすごい好きやった。
ハーシー　三次元の。
マイル　三次元の。小五か小六のときに観た何かのアニメで、小学校高学年やと思うんですけど一緒にお風呂に入るっていう。男女が。そのシーンにすごい興奮しまして、いまも一緒にお風呂に入る的ないちゃつきたい欲求がずっと核にある。だから僕のなかにあるのは、セックスしたい欲じゃないんですよね。小学生で当時セックスも知らなかったときのまんまなんですよ。だから何かしゃべったりしてすごい幸せな感覚になりたいみたいな感じがします。なんかこう、僕は小学校のころから同級生の女子にかわいがられてたんです。そのイメージなんですよ。それを常に追い求めている。特に付き合うとか何もなく、あのときちょっと振り向いてくれたとか、あのときあそこから一緒に帰ったとかっていうのを覚えてるんですよ。あのころは楽しかったな。その後、中学と高校は男子校に入るんですけど、男子校でもなんとなく男子にかわいがられてた感じできて、ただ大学に入ったら急にそれがなくなった。共学の大学に入ってしまうと、男子は女子のほうを向くじゃないですか。ただ僕の場合は、小学生のころは女子がかわいがってくれてたのがあるから、大学に入ってからも当然そうだろうと思っていたら、それが女子は変節していてかわいがってくれなくなった。
全員　ハハハハハ（笑）。
マイル　深く失望して。本当どうしたらいいんだっていう感じで、恋愛とか人間関係とか本当に道に迷って、周りの実際の人間関係に救いがないなってなって。ただそこでインターネットに出合えてそこでだいぶ救われたんですよ。だからインターネットから世間の人はこう考えるんだとかを学んでいって変わったっていう。

西井　道に迷う、っていいですね。みなさんありがとうございます。最後に一言感想をお願いします。

ハーシー　気になったのは女性観なんですけど、作品を読んでそういうのが好きになったのかもともと好きでその作品を読んだのかは結構気になります。あとマイルさんが言ってたインターネットの出合いっていうのも僕はすごくよくわかって。匿名でいろいろ書けるっていうのが思考に関係してるかなと思いました。

マイルさん　話せてよかったです。わりと整理できましたね。自分でも整理しないといけないなと思ってたんで。あとは「進研ゼミ」に影響を受けてるっていうのはあるやろなって。「僕も勉強できれば」っていうのはありますけど、社会的にそういう風潮があるから「進研ゼミ」の漫画も書かれるんやと思いますし、「進研ゼミ」の力恐るべしと思いました。ありがとうございました。

西井　自分が社会化されてるなっていうのは感じて、何かしらこの作品とか本とかの影響を受けて、こういう考え方になってきてる、というのはあるだろうなって。例えば俺のもっと見てくれよとか、それも漫画の影響だと思うんですけど、もうちょっと自分でも掘り下げていく必要があるのかなと思いました。ありがとうございました。

以上、自分自身の「非モテ」ヒストリーに影響を与えたメディア作品を参加者同士で紹介しあった第五回非モテ研「「非モテ」に影響を与えた一冊」で交わされたやりとりを一部抜粋した。『ポケモン』のカスミなどそれぞれが披露したエピソードがとてもユニークで、思い出深い研究会になった。

なかでも印象的だったのはハーシーさんの「進研ゼミ」をめぐる発見だ。それはのちに「勉強と同じように、やったらやった分だけ何事も成果がついてくると思い込んでいること」を意味する「「進研ゼミ」の内面化」という言葉を生み出した。

ハーシー　自分は「進研ゼミ」みたいなものを内面化してたと思うんですね。こんだけやったらこれだけ結果が出るみたいな感じで。恋愛もそうで、あれだけ努力したんやから絶対付き合えるやろうって思ってましたね。でも女性は決してそればかりを求めてるわけじゃない、ってことに気づきましたね。

この「「進研ゼミ」の内面化」という現象は、べつに「進研ゼミ」の勧誘漫画が変わった内容だから、もしくはハーシーさんが特殊だから生じたわけではない。

個人の行動を説明する際、メディアという要因は無視できないだろう。しかし、メディアと個人の関連を考えるうえで、メディアの内容だけでなく、そのメディアの受け手がどれだけ作品を批判的に読むことができているか、そして批判的に読むことができる土壌が社会に用意されているかも、考慮する必要があるのではないかと思う。「もしかしたらこの作品とは異なるケースがあるかもしれない」という、相対化の視点。それがなかった場合に、メディア作品は個人に強い影響を与えることになるのではないだろうか。

ところが、学業成績が上がったら部活で活躍し恋人もできるという「進研ゼミ」の勧誘漫画のストーリーは、結末に飛躍があるものの、いわゆる偏差値が高い大学に行けば幸せになれるという学歴主義が当たり前のように蔓延する現代社会で、それほど筋違いには見えない。むしろ社会そのものが「進研ゼミ」の勧誘漫画的な価値観を内包して組み上がっている。

四方を密閉された無菌室で育たないかぎり、メディアから自身を切り離すのは困難であり、いやが応でも影響を受けてしまう。だとすれば、私たちは自らを自由意思だけで行動する自律した存在と見なすよりも、周囲の様々なものから影響を受けてしまっていることを前提にして、自分が身につけてきたものに対して距離をとって眺めるべきではないだろうか。「「進研ゼミ」の内面化」という言葉はまさにその営みの一つだ。

2 個人研究

# 一発逆転の研究

ハーシー

## はじめに

はじめまして、ハーシーと申します。現在二十六歳で、発達障害（ＡＤＨＤ）の診断を受けていて、工場でクローズ就労しています。オナ禁、つまり、オナニー（自慰行為）を禁止することを日々の習慣にしています。

「ぼくらの非モテ研究会」（非モテ研）には二〇一八年の二月ごろから参加しています。当時の私はインターネットで「モテ」とか「ナンパ」とか、恋愛に関する単語を毎日検索するほど、人と恋愛について語りたい欲求が強く、しかし現実世界に話す相手がいない状況に悶々としていましたから、非モテ研を「Twitter」で見つけたときは、自分のために作られた会なのではないかと思い少し感動しました。

実際、会は楽しく、いままで誰にも話せなかった恋愛に関する苦悩や気づきを、みんなバカにせずに興味を持って聞いてくれて、欲求を満たすことができました（私が真面目な顔でオナ禁の話をしても、笑いは起こるものの、あくまでも真剣に聞いてくれていました）。

さて、約二年ほど当事者研究に参加して、自分のなかにある根強い思想「一発逆転」について客観視することができましたので、ここではそれについて書きます。

## 1 一発逆転という思想

非モテ研での一発逆転の思想とは、うまくいっていない人生に、恋人を作ることで劇的な変化が起こってバラ色に変わるというものです。童話の『シンデレラ』を想像していただければ理解しやすいと思います。

ただ、私のなかでの一発逆転の思想はもう少し広義で、恋愛だけでなく、一つの出来事をきっかけに、スイッチを押すようにパチッと人生が好転することを指します。

### 私の事例

ここでは、記憶が比較的鮮明な高校・大学時代のエピソードを細かく記しています。末尾に、一発逆転することができると考えたスイッチ、スイッチが切り替わったあとの理想と現実をまとめて説明しました。うつうつとして暗いものなので、本節は興味がなければ読み飛ばしてもＯＫです。

ただ、第2節からはぜひ読んでください。

## 高校時代

中学生のときに〝イケてないグループ〟に属していた私は、高校入学をきっかけに自分をガラリと変えたくて（一発逆転したくて）、自宅から離れたところに進学します。それまでの私を知らない環境にいけば、気が合う友達がたくさんできて、かわいらしい彼女もできて、充実した学園生活を送ることができると思ったのです。

そう考えて意気揚々と高校へ進学したものの、結果は惨敗。人見知りな私はクラスメートに話しかけることができず、また、話しかけられても上手なおしゃべりができず孤立してしまいました。明らかに自分の能力不足のせいでそうなっているにもかかわらず、それを認めてしまうと自尊心が傷つくため、次のように考えて処理していました。

①クラスメートは汚れた人間たちで、その理由は、彼らの家が富裕層で、アフリカでは〇秒に一人子どもが死んでいるのに、彼らは私利私欲のために無駄にジュースを買ったりゲームをしたり、汚れたやつらだから。

②自分が住んでいる地域と学校がある地域はノリが違う。私は〇〇に住んでいるのでとても面白くてノリのいい人間だが、彼らは何も面白くない。

クラスメートをこのような妄想でひとくくりにし、学校に行っても一言も言葉を発しませんでした。帰りに漫画雑誌を立ち読みすることだけが楽しみな学校生活を三年間送りました。
しかし彼らとは毎日顔を合わせるわけで、学校へ行くのが徐々に苦しくなってしまいます。その影響で脳みそがバグってしまって、通学路に落ちているたばこの吸い殻を拾い集めて二時間以上を過ごしたり（吸うわけではない）、水道の蛇口が閉まっているか何回も確認したりしました。

スイッチ：知り合いがいない高校へ進学する。
理想：たくさんの友達ができて、楽しい学園生活を送る。
現実：強迫性障害を発症し、自分でも意味不明な行動に数時間を費やして疲れ果ててしまう地獄のような日々。

そして次の一発逆転を狙って、大学へ進学することになります。

**大学時代**

高校では一人も友達ができず女性とも話せなかった私でも、大学へ進学すればさすがになんとかなるだろうと考え、無理をして進学しました。
結果は高校のときと同じで、あまり友達ができず、うつうつとしたキャンパスライフを送るようになります。
将来が不安で毎日が最悪な気分でした。これまでの自分は何も誇れるようなところがないし、コミュ障（コミュニケーション障害）だし、やりたいこともなく大学に入ってしまったけれど、思うような就職もできないだろう、奨学金を借りていたので卒業と同時に数百万円の借金を抱えてしまうし、人生が詰んでしまった、と考えました。世の中に絶望してしまって死んだような日々を送りながらも、どこかで次の一発逆転の方法を探していて、別の大学に編入する方法を調べたりしていました。

そこに現れたのが女神であるHさんです。彼女は、私のアルバイト先（警備業）で出会った二つ年下の専門学校に通っているいたって普通の女の子でしたが、一つだけほかの女の子と違うところがありました。私に優しく話しかけてくれたのです。

そうはいっても、例えば、向こうから挨拶をしてくれるとか、話題を振ってくれるとか、ごく一般的な範囲の優しさでした。ですが、これまで女性と会話をしたことがほぼなかった私にとっては、砂漠のなかのオアシスみたいなもので、きらきらと輝いてみえたのですね。

彼女を人生の目的にしようと考えました。彼女と結婚して、子どもを作って、庭付きの一軒家に住んで、一匹の白い犬を飼って、彼女の笑顔を守ることを人生の目的にしよう、と思ったのです。

そのためにはいろいろ頑張らなくてはと思って、勇気を振り絞って美容院に行ってみたり、ファッションを勉強したり、インターンシップに申し込んでみたりしました。

しかし、フラれてしまいました。悲しいことに、彼女はみんなに優しい人だったのですね。人生の目的を失った私は、失意からオナニーの回数がぐんと増えました。

スイッチ：Hさんと付き合う。
理想：Hさんと付き合って幸せな家庭を築く（人生のリベンジ）。
現実：散らかり放題の部屋にティッシュの山を築く。

**オナ禁との出合い**

Hさんにフラれて、童貞でどうしても女性とセックスがしたくてたまらず苦しんでいた二十二歳のとき、オナ禁を始めました。

当時の私はモテるためのヒントを探して、膨大な数の恋愛本を買いあさっていました。そのときに出合った加藤鷹さんの『奥義直伝――オルガスムス取得7日間エクササイズ』（ロングセラーズ、二〇〇八年）というセックス教本の五七ページに、「僕は十七歳からオナニーをしていませんが」という記述があって、なるほどと思いオナニーをやめました。加藤鷹さんがセクシーなのはオナニーが関係しているのかもしれないと思って。

いままで日に一度は必ずしていたオナニーをやめると、恐ろしいほどのムラムラが襲ってくるのですが、それと同時に、なんとなく朝の目覚めがよくなったり、気持ちが前向きになったり、顔のむくみがとれたり、いいことが起きるようになったんですね（いま考えると、オナニーで無駄遣いされていたテストステロンやドーパミン受容体なんかの、ナイスな脳内物質がたまってきたおかげだとわかるのですが）。で、そのときくらいにですね、昔、受験勉強の願掛けにオナニーをやめようと思って三日で挫折し、どぴゅっとしてしまったことを思い出しました。いままで何事も続けることができなかったからオナ禁は続けよう、ちょうど就職活動中だし、と思って、オナ禁を本格的にスタートしました。環境や人に頼るのではなく、自分と向き合ったわけです。

オナ禁の日数を記録するために日記を書き始めると、なんとなくいろいろとわかってくるわけですね。AV（アダルトビデオ）によって女性への理想が高くなっていたこととか、オナニーで失った精液（果糖）を作るためにジャンクフードを主とした糖（炭水化物）を不規則に食べすぎていたこととか。

で、そのあたりを、登山でもするように一歩一歩改善していきました。食事に気を使ってジャンクフードを減らし、たんぱく質をたくさん取るようにしました。ムラムラ発散のために軽いランニングや筋トレもするようになりました。運動の習慣がつくと、いままで人の目を見て話せなかったのが、徐々にできるようになってきました。人生で女性と会話をした時間が三十分もなかった私にとって彼女たちは、AVに出てくる「娼婦」と、Hさんのような「女神」の二種類、そして、得体の知れない興味も湧かない「その他大勢（モブ）」でしかありませんでした。ですが、目を合わせて会話ができるようになると、人としての興味が湧いてきたんですね。性欲や恋愛以外でです。好きな食べ物は何だろう、休みの日は何をしているんだろう、というふうにです。私のなかで「人間」になった、ということかもしれません。

結構な時間がかかったのですが、人と普通に会話ができるようになると就職が決まり、童貞も卒業することができました。

## 2 一発逆転の思想の「裏側」にあるもの

「一発逆転の思想」は、自分が思い描いている「理想」と「現実」の間（あわい）をインスタントに埋めようとする考えです。その考えの裏には、いまのつらい現実から飛んでいきたい、という思いがありました。イケてない自分と決別するために遠い高校へ進学したのもそうですし、人生に絶望した状態から無理やり目的を作ろうと考えてHさんへアタックしたのもそうです。

しかし、目の前の溝は簡単に超えていけるものではなく、無理やり飛ぼうとしたから大けがをしてしまいました。

幼いころから漫画やドラマに囲まれて育った私は、人生はある出来事がきっかけに大きく変わるのだと信じてきました。でも、実は人生とは地道にしか進めず、理想に近づこうと思えば、目の前にある階段を一歩一歩のぼっていく必要があるのでした。

## おわりに

非モテ研究会では、いまの自分の考えをホワイトボードに書いてもらい、みんなの前でしゃべることができるのですが、私はそれが自分を客観視するのにとても役に立つと思います。客観視することで、「理想」ばかりにスポットライトを当てるのではなく、自分の足元と、進むべき次の階段を照らすことができ、けがをしなくなるのではないかと思いました。

# 3 個人研究

# 非モテ幽霊の研究

歌男

## 1 ずっと、「つらい」と言いたかった

初めて「ぼくらの非モテ研究会」(非モテ研)に参加したのは、二年近く前の二〇一八年九月。大学院を休学し始めて間もないころだった。

せっかく親に高い金を出してもらって大学院に進んだのに、何のために研究をやっているのかがわからなくなり、無為に過ごす時間が増えた。急遽就職活動を始めたものの、全くもって働くイメージが湧かず、自分に何が向いているのかもわからなかった。適当に何社か受けてはみたものの、会社は曖昧な気持ちで臨む就活生に厳しい。すべて一次面接で落ちたので、これ以上続けても無駄だと思い、就活をやめた。研究の行き詰まりと就活の失敗によって自尊心はボロボロになり、逃げるように休学を決めた。

それまでの僕は、学生団体に参加したり、NPO（民間非営利団体）でインターンをしたりなど、周りから見ればかなり活動的な学生だった。いろんな人と出会い、友達のような人もたくさんできた。だけど、団体メンバーとかインターンとかの肩書がない僕は、就活さえまともにこなせないデクノボウでしかなかった。

自分の無価値さを突き付けられたこと。将来への展望が持てなくなったこと。同年代の知り合いが社会人として活躍しているのに、自分は何もできていないこと。何もする気が起きなくて、インターネットか酒を飲むかオ○ニーしか時間をつぶす手段がないこと。それに伴う、若さを浪費しているという感覚。そんな自分が許せないこと。すべてがつらかった。

ずっと、つらいことを「つらい」と言いたかった。高校時代には部活で「練習もまともにしないくせに「つらい」と言うなんて意気地なし（部の「部活至上主義」的な思想になじめず、また生真面目なせいで「うまく休む」ことができなかったため、日々の練習メニューについていけなくなってしまったのである）」というレッテルを顧問や部員から貼られた。大学ではサークルでからかいの対象にされ、自分の恋愛の失敗などをネタにされた。それらの経験によって、「無能な非モテ」という自己像が次第に自分のなかに結ばれていき、苦しくなっていった。この苦しみを誰かに話したかったけど、誰にもわかってもらえないと思って話せなかった。かわりに僕は、「意識の高い」活動に身を投じることで、自分を「強い人間」に見せるようになった。たくさんの人と出会い、僕のことを認めてくれた人にも出会えた。だけど、いくら承認されても、心の奥底には常に不安が渦巻いていた。「非モテであることが知られてしまったら、きっと僕は軽蔑されるにちがいない」とどこかで思っていた。でも、そんなことは誰にも言えなかった。

非モテ研のことを知って、「これだ!」と思った。ここでなら、バカにされることなく苦しみを吐き出せるかもしれない。いまの自分の生きづらさもマシになるかもしれない。とにかく、つらいことを「つらい」と言いたい。一縷の望みをかけて、僕は非モテ研の会場の扉に手をかけた――。

## 2 「非モテ幽霊」とは何か

非モテの苦しみは、当人にとっては切実な苦しみでも、他者からは何に苦しんでいるのかが理解できないと言われることがある。なぜなら、誰しも失恋経験はあるものだし、恋愛経験の有無で人としての「格」が決まるわけではないからだ。だけど非モテ(少なくとも僕)にとっては、失恋することは自分のすべてを否定されたことを意味するし、恋愛経験がないこと=人間として劣っているという等式は自明のものである。つまりは「実際には何のなんの根拠も実体もない特定の信念を、なんらかの原因で無意識に信じ込んでしまう」ことが、非モテ意識の根底にあると言えるだろう。その意味で、非モテ意識とは「幽霊」のようなものだと言えるのかもしれない。

僕がそのことに気づいたのは、第二十二回非モテ研「非モテグラフを描こう」で、非モテグラフを描いたことがきっかけだった。このグラフは、非モテで苦しんだ度合いを時系列にグラフ化して、どの時期に、なぜ非モテ意識が高まったのかを可視化したものである。図1が、僕の非モテグラフである。

グラフを見てみると、特に非モテで苦しんだ時期が四回あり、それぞれの原因は「好きな子に別の好きな人がいたことが発覚した」「自分の周りで突然カップルができ始め、自分だけ取り残されたような気がした」「自分の恋愛の失敗を笑いものにされた」「自意識がこじれ、自分で自分を苦しめるようになった」ということであるとわかった。

とりわけ重要なポイントは、二十歳前後までは外部環境の変化あるいは周囲からの抑圧を受けることによって非モテ意識が高まっていたのが、それ以降になると、外部からの抑圧を受けていないはずなのに非モテ意識が高まっているということである。つまり、周りからの「童貞捨てな」「大人になれよ」「男のくせに」といった声がなくなっても、苦しみはなくなるどころかさらに悪化してしまっていたのだ。

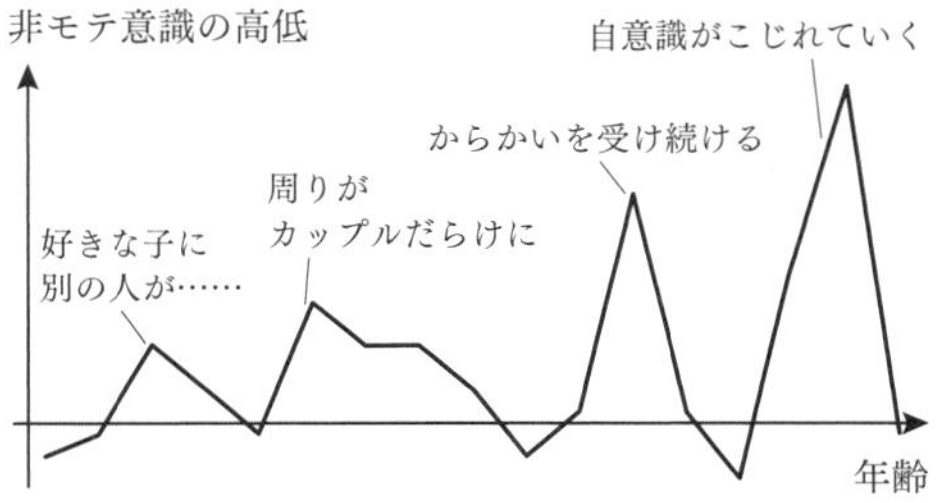


図1　歌男の非モテグラフ

「自意識がこじれ、自分で自分を苦しめるようになった」時期は、就活や研究に行き詰まって休学した時期とぴったり重なる。その当時、寝ても覚めても頭に浮かぶのは「どうしてこんなことになってしまったのか」ということだけだった。その理由を探すと、過去に自分を苦しめた人たちから浴びせられた言葉や、所属していた集団から排除を受けた経験、恋愛でうまくいかなかった経験が次々と思い出された。

中学生のときに、動きがぎこちなかったことで「キモい」と言われたこと（僕には発達障害があり、普通に動いているつもりでもはたから見ると変な動きをしているように見えてしまうのだった）。高校生のときに、部活がどうしようもなく苦しくて、苦しいことをなんとか伝えようとしたときに「こんな根性なしだからお前は駄目なんだ」「そんなんじゃ社会で通用しないぞ」と言われたこと。大学生のとき、コンビニエンスストアでのバイトで「使えない」と言われ、一カ月でクビになったこと。サークルで関わりを避けられたこと。恋愛のへたさをからかわれたこと。これらの出来事が、次第に自分のなかで凝縮されていって、知らず知らずのうちに僕を苦しめていた。

人と会うのが怖くなり、何もする気が起こらなくなった僕は、自然とスマートフォンを触る時間が増えた。インターネットやＳＮＳ（ソーシャル・ネットワーキング・サービス）を開いて、なぜ自分はこんなにも生きづらいのかについての理由を探すようになった。そのなかで「キモくて金のないオッサン」という言葉に出合い、「自分は見た目もキモいし、金も稼げそうにない。もうこの先に希望も何も持てない」と思うようになった。それだけでは終わらず、「弱者女性は結婚という逃げ道があるけど弱者男性にはない」「弱い男は淘汰される運命」など、「自分には救いがない」ことを証明してくれる書き込みばかりを、狂ったように摂取し続けた。こうして、現実がつらくてネットに逃避することで、元からあったトラウマがさらに強化され、現実に向き合うのが怖くなってまたネットに逃げ込む……という悪循環ができあがったのだった。

はっきり言って、この恐怖には実体がなかった。現実にいる女性が何を思っているのかを知ることなしに、ただただ非モテ意識だけが肥大化していき、まるで幽霊に取り憑かれたかのように苦しくなっていったのである。

## 3 「つらい」と言ってみる

非モテ研で使うワークシートには、最初に「この会はいわゆるモテ講座ではありません」と書かれている。初めてこの文章を見たときに、僕はなぜかそこに安心感を覚えた。「非モテで苦しいのだから、モテるための方法を学べないのなら参加する意味ないやん」と感じてもおかしくなかったのに、なぜ僕は安心したのだろうか。

非モテ意識に苦しめられながらも、僕は、モテるようになればこの苦しみがすべて解消されるとはとても思えなかった。モテたいという気持ち以上に、誰にも話せないこのつらさを話したいという気持ちのほうが大きかった。そして何よりも、非モテのつらさをひとしきり吐き出して楽になることで、自分の課題に向き合えるようになりたかった。だから、非モテ研のワークシートを見たときに、「ここでなら、つらいことを吐き出してもバカにされずに聞いてもらえる」と感じられたのだと思う。

何回も非モテ研に通うなかで、少しずつつらい思いを吐き出していった。一人でいるときに、SNSで知り合いが幸せそうにしているのを見るのがつらいこと。「女性は性的に勝ち組の男ばかり選ぶ」という考えに共感してしまうこと。自分は負け組男性で、そんな自分を選ぶ女性などいないと思っていること。自分だけが置いてけぼりにされているように感じていること。好きな人とあんなことやこんなことをする妄想がやめられないこと。ときにはグロテスクな偏見を開陳することもあったけど、西井さんをはじめとする非モテ研の仲間は、それらを否定することなく聞いてくれた。おかげで僕も、安心して徐々に思いを吐き出せるようになっていった。

つらい思いを吐き出すことで、自分のなかに巣食う幽霊も同時に吐き出すことができる。完全に吐ききることはできなくても、いつの間にか自分の手で扱えるほどには幽霊が軽くなっていることに気づく。幽霊が軽くなったことで、少しずつ、現実と向き合うだけの余裕が自分のなかに生まれてきた。

## 4 新しい生き方、新しい恋愛へ

幽霊が軽くなってきたことで、僕はようやく、自分の考え方や生き方を見直そうと思えるようになった。重要な出来事をいくつか挙げてみたい。

### 過去の失敗に向き合う

僕は過去の恋愛で、面白いほど同じパターンで失敗を繰り返してきた。僕はこのパターンに、「対好きな人自爆症候群」という名をつけた。

僕は誰かのことを好きになると、「あの子は僕に好意を持っているはず」「あの子はきっとこんな人」と脳内でポジティブ妄想を繰り広げて楽しむ癖がある。ポジティブ妄想は、相手に好かれようとする努力をしなくても「恋愛」を楽しませてくれる、非常に便利な方法だ。だけど、妄想のなかで作られた「彼女」像は、現実のあの子とはかけ離れてしまう。そしてさらに悪いことに、「あの子は僕に好意を持っているはず」といくら思おうとしても、本当に好意があるのかはわからない。だから僕は勝手に不安になる。彼女の一挙一動が気になってくる。そして、好意があることを確かめたくて、実際はそこまで関係が深まっていないにもかかわらず、いきなりご飯やデートのお誘いをしてしまうのである。彼女は困ってしまい、僕から距離をとることになる。あとに残るのは気まずさだけ。これを自爆と言わずしてなんと言うだろうか。非モテ研では、このループをどうやって抜け出すかについて考えた。

ポジティブ妄想が恋愛をうまくいかなくさせている原因だとしたら、ポジティブ妄想は「やめなければいけない」ことだろう。しかし、僕のポジティブ妄想癖は筋金入りであり、妄想がない人生など、もはや想像不可能である。それなら、妄想は全力で楽しみながらも、妄想が現実に染み出してこないような対策が大切なのではないか。

ポジティブ妄想が現実の彼女との関わりで出てきそうなときは、「あ、妄想が出てきているな」といったん立ち止まってみることが大切なのかもしれない。妄想を妄想として認識できていれば、彼女との関係を勘違いせず自爆するリスクを減らせそうである。

## 立場を替えてみて気づいたこと

また、ソシオドラマに参加して、非モテ男性にアプローチされる女性の役を演じてみたときの衝撃は、いまになっても忘れられない。その女性になったつもりで、アプローチされたときの気持ちをつづってみよう。

ユキオさん（非モテ男性の役名）に「今度の土曜日に、二人で映画に行きませんか？」と誘われたとき、わたしは体が硬くなるのを感じました。ユキオさんは面白い人だとは思いますし、誘われること自体はいやじゃないんです。だけど、ユキオさんがどんな人間なのかまだ全然知らないし、そこまで関係も深くないのにいきなり二人でって、ちょっとハードルが高い……。でもハッキリと断る勇気もないし、どうしたらいいかわからなくて困っています。

タカシさん（モテる男性の役名）にも誘われたのですが、正直戸惑っています。彼は仕事もできるし気配りもできるすばらしい方ですけど、それでも二人で遊びにいくのは……。

もし男性と二人きりで遊びにいくなら、「この人と一緒に行きたいな」って気持ちになってから行きたいです。そうでないと、遊びにいっても楽しめないですから。

いざ自分がアプローチされる側になってみてまず感じたのは、「恐ろしい」ということだった。自分が予期していないところで好意を向けられるのは本当に恐ろしい。でも、断るのも良心がじゃましてできない。僕が過去にアプローチした相手も、もしかしたら同じようなことを感じていたのかもしれないなと思うと、自分の醜さに思わず頭を抱えてしまった。

また、俗に言う「※ただしイケメンに限る」は、断じて間違っているといまは思う。イケてようがイケてなかろうが、好意を持たない人からの誘いが恐ろしいことに変わりはないからだ。大切なのは、お互いが「一緒にいたい」と思えるかどうかなのかもしれないと、女性の立場を演じて感じた。

## 非モテでもいい恋がしたい

自分の生き方を見直すなかで「いい恋がしたい」と思うようになってきたので、第三十二回非モテ研「個人研究」で研究してみた。

まず、自分にとっての「いい恋」とはなんなのかを、自分の欲望に基づいて言語化してみた。非モテ研への参加を重ねてきたことで、以前なら恥ずかしくて言えなかった自分の欲望をちゃんと言えるまでになっていた。

僕には、「感情や経験などを、二人だけでたくさん共有したい」という欲望がある。きれいな景色を見ることや映画を観ることなどは一人でも十分に楽しめるけれど、「二人ならもっと楽しめるのに」といつも思っていた。それなら、「二人で何かを共有する」ことができていれば、極端な話、付き合うという関係性でなくても十分に満たされるのかもしれない。

次に、僕の失敗パターンである「対好きな人自爆症候群」に陥ることを防ぐために、気持ち悪くないアプローチの方法を考えた。

僕が好きな人に引かれてしまう原因は、急すぎるアプローチにあった。先にも述べたように、ポジティブ妄想によって「あの子きっと僕のこと好き」と勝手に思い込み、早まったアプローチにつながっていたのである。仲間の一人は、「誘い方の問題もあると思うから、意中の人以外も自分から主体的に誘ったり、誘うのがハードルが高いならお菓子を配ってみるとかするといいと思う」という意見をくれた。時間はかかるけど、たくさんの人と交流を深めていくなかで相手との関係性も徐々に高めていくほうが、どうやらよさそうだと思った。

実際に僕は、お土産を周りの友達に配ったり、鍋パーティーを開催したりしてみた。残念ながら意中の人はパーティーには来れなかったけれど、会をきっかけに新しい人間関係が生まれるという副産物もあり、また彼女とはその後もやりとりする機会ができた。自分の欲望を明らかにしたことで前よりも人間関係を楽しめるようになり、心の余裕が生まれた。これらのことは間違いなく、僕の人生にいい影響を及ぼしている。

「いい恋愛」が、必ずしも社会一般で流通しているような恋愛像と一致しているとはかぎらないと、僕はいま思っている。自分の欲望を因数分解してみると、思っていた以上に多種多様な欲望が絡み合っていることに気づく。己の欲望に根差してみることによって、「自己啓発」でもなければ女性の奉仕者になるのでもない、新しい恋愛像に対して自分を開くことが可能になるのではないだろうか。その可能性を信じたい。

## 5 幽霊はよみがえる——むすびにかえて

現在僕は、大学院を修了して、もともとの夢だった高校教員を目指している。幸いにも実家のサポートを受けられているおかげで当分の間は働かなくてもよさそうだし、浮いた時間は勉強や趣味に当てることができる。僕にとってはこの上ない環境のはずなのだが、社会的に言えば僕は「無職」であるわけで、その事実をふと思い出して「自分何やってるんだろう」「こんなはずじゃなかったのに」という思いにさいなまれて、自己嫌悪で頭がいっぱいになるときもある。自分で望んでいまの状態になっているはずなのに、自分や世の中に対する不満ばかりが募っていく。これからコロナ不況も本格化しそうだ。もし教員になれなかったら、まともなキャリアを積めないまま年だけ取っていくことになりそうな気がして、絶望的な気持ちになる。ほかの仕事を探すにも、「文系院了社会人経験なしという経歴なんて、田舎《いなか》の会社が評価してくれるわけがない」と思うと、頑張る気になれない。こうして僕は、本来すべきことに集中できなくなって、またネットに逃げてしまうのである。でも実際は、教員への道が閉ざされたわけでもなければ（六十歳まで教員採用試験を受験できる自治体もある）、一社でも入社面接を受けたわけでもないのだ。

過去の挫折がトラウマとなり、現実から逃げるためにネットに漬かり、何もしていないのにつらさだけがひたすら肥大化していくという、非モテ幽霊と同じメカニズムで苦しんでいることに、最近やっと気がついた。ということは、非モテ意識はなくなっても、幽霊は形を変えてよみがえってくるということではないか。どうやら、これから僕は「無能幽霊」について研究していく必要がありそうだ。

第4章
# 加害と責任

# 1 実践に学ぶ：4
# DV加害者脱暴力グループ「メンズサポートルーム大阪」

西井 開

## 1 メンズサポートルーム大阪

男性のグループを主宰するにあたって、メンズリブ研究会から派生したDV（ドメスティック・バイオレンス）加害男性の脱暴力グループであるメンズサポートルーム大阪に関心を持っていた私は、知人の紹介で二〇一七年八月からスタッフとして参加するようになった。

メンズサポートルーム大阪は、カナダのDV加害者更生プログラムや、薬物依存者の自助グループの方法論を吸収しながら独自の対話グループを作り、一九九九年から現在に至るまで活動を継続している。

基本的にDV加害経験がある男性たちが運営していて、「男性が家庭内での暴力（DV・虐待など）、また職場内での暴力（セクハラ、パワハラなど）を振るわないで暮らす方法を学ぶこと」「自分の気持ちの豊かさに気づくこと、自分や相手を大切に思う感情の回復」を目的に、二週間に一回「非暴力ワークショップ」を開いている。(1) ワークショップのルールは以下のとおりである。

①自分の体験したことや、その時感じた気持ちを話しましょう。愚痴や悪口もどうぞ。②自分が体験したこと以外のことを話すのはやめましょう。例えば、一般論（普通は……、男（女）はみんな……だと思う）や、天下・国家のことです。③人の話は最後まで聞きましょう。助言・忠告・非難・攻撃はやめましょう。④この場はみんなのものです。話す時間や場を独占するのはやめましょう。⑤無理して話さなくていいです。話したくない時は「パス！」と言ってください。⑥この場でお聞きしたことは秘密厳守にします。みなさんも外部で話さないでください。⑦アルコールを飲んで参加しないでください。[2]

毎回この二週間にあったことを順番に話したあと、決められたテーマに沿って自分の経験をワークシートに書き込み、順番に語る。薬物やアルコール依存当事者グループの「言いっぱなし聞きっぱなし」という形式の対話が進められ、語っている間は誰も口を挟まないし、とりわけ相づちも打たない。

## 2　私とメンズサポートルーム、気持ちの豊かさに気づくこと

私はこれまでDV加害者と名指されたことはなく、いわば不純な参加者としてメンズサポートルーム大阪に参加していた。しかし、ほかの参加者の話を聞いているうちに、私は彼らの加害の経験

が他人事とは思えなくなってきた。

ある回で、パートナーとの生活での価値観の違いが話題になったことがあった。パートナー同士、それぞれが生まれ育った家庭の文化や性格の違いもあるので、洗濯物の干し方や料理の味付けなどにずれが生まれる。それでいさかいになってしまうということだ。その際、ある参加者がこんなことを言った。

「妻がまあズボラ（マメではない）な性格で、使ってない部屋の電気を全然消さないんです。それを何回注意しても直らなくてね、仕方なく私が消すんですけどね、そうしたらなんだか負けたような気がするんです。それでイラッとしてもうてね。それをなんとかしようと相手をコントロールしたくなるんです(3)」

この「負けたような気がする」という感覚は私にも身に覚えがあった。交渉の末にこちらが折れなければならないときや、相手が自分よりも優れていたときなど、特に相手が女性だったときに過剰に敗北感を抱いてしまう。そしてその敗北感から苛立ちが募ってきて、相手に高圧的な態度をとったことがこれまでの人生で何度かあった。それはモラルハラスメントと言えるものだった。

べつに勝負しているわけではないのだからそんなものを感じる必要はないのに、女性に優越したいという欲望が出てくる。それに気づいた私は、もう自分を「非当事者」と言えなくなった。

メンズサポートルーム大阪の参加者たちは、自分たちは加害者なのだと自覚しながら自分の体験を語り、ほかの参加者の語りに耳をすませる。なかには穏やかに目を閉じて聞き入っている人もいる。

この男性たちの静かな語り合いは程よい緊張感と安心感を生み、私も自分がやってきた加害的な振る舞いに冷静に向き合い、その背景にある「怒り」の感情に気づくことができた。こうして自分の感情を把握できるようになると、イライラしている自分がいつ現れるのかや、イライラしている自分とどう付き合えばいいかがわかってくる。もしかしたら自分の怒りのメカニズムがわかった時点で怒りが湧いてこなくなることもあるかもしれない。脱加害は、事実や感情に向き合うことで志向できる。

ほかの男性と自分との間に境界線を安易に引かずに経験を共有しあうことで「自分の気持ちの豊かさに気づくこと」が可能になり、加害性の分析を促す。私はメンズサポートルーム大阪で、グループで加害の問題を取り扱うすべを学んだ。

注

（1）「メンズサポートルーム大阪」（http://msr-osaka.com/）［二〇二〇年八月二十五日アクセス］
（2）メンズサポートルーム大阪非暴力ワークショップワークシート
（3）この語りは本人に了承を得て記載している。

## 2 個人研究

# 自己破滅願望の研究

たぬき（聞き手：西井 開）

## 1 エピソード

### 幼少期

たぬき　小学校一年生のとき、外で遊んでいて日焼けして黒かったんです。それを同級生からハワイ人とあだ名されて。当時、僕はそういうのが恥ずかしいと思っていました。からかわれて、恥ずかしくてふさぎ込んだことがありました。自分を出すのを躊躇させる下地になった気がします。その後、四年生で田舎《いなか》へ引っ越して、そこで同級生に目をつけられて休み時間に追い回されました。校庭の隅に追い詰められて、いろいろ触られたんです。

西井開　触られた？

たぬき　まあ、その、大事なところだとか……。僕が自己主張せずおとなしそう、都会から来たやつ……。そういうのが重なって、目をつけられたのだと思います。

西井　怖いですね……。

たぬき　怖かったです。教師に言っても直らなかったから、なおさらでした。その次は五年生のとき、日曜日に家で、母親に映画を見せられたんですね。母親が昔観ていた一九七〇年代の。そのなかに主人公の少年がレイプされるシーンがあるんです。日曜の昼間にそういうのを見せられて、それがまだ恥ずかしかったんですね。目をふさいでたら母親に見つかって「恥ずかしいんや」とからかわれたんです。そのせいで性的なものを表に出せなくなったのではないか――そう考えています。

## 高校時代

たぬき　高校三年のとき、受験のために塾に通ったんです。そこで、都会の学校に通ってたときの幼なじみと再会しました。その人に恋をしてしまって、自分のことをわかってほしい、付き合いたいという思いが頭のなかで先走って、でも具体的な行動に移せなかった。口べたがじゃまをしたり、付き合ってほしいという思いは仲良くなってから伝えるものと考えていたりしたんです。それが足かせになって、恋をした相手の友人に嫉妬してしまいました。僕はこんなに口べたで仲良くなれないのに、あんなに仲良くしてねたましい。そう思うだけならまだしも、機嫌悪く接してしまったり、何か言われるとぶっきらぼうに返してしまったり。例えばその、友達が集まってカラオケに行くとか聞いたら「そういうことができる人はいいね」とか「いいご身分だね」とか。いやみを込めて言ってしまいました。当然引かれるっていう……。

西井　これは「受験中なのに」とか「お前ら、お金を持っていていいな」とかそういうことだったんですか？

たぬき　いや、僕の好きな相手とそうできることへのやっかみでした。当然評判は悪くなり、好きな相手からもいい印象を持たれなくなった。

西井　裏目に出ちゃった感じですね。

たぬき　まさに。それで評判が悪くなり時間がたって、塾に通う最後の日にようやく好きと伝えられました。結果は付き合っている相手がいるから、と。その前から評判が悪かったのもあって……。

## ソロカフェ

たぬき　大学二回生のクリスマスでした。当時まだ塾での出来事を引きずり、非モテ意識に追い詰められていました。好きな人ができても接したりするのが苦手で、恋をすることがすごく苦しかった。嫉妬はするし、具体的に話しかけたり、相手と仲良くなったりする方法がわからない。そこで止まってたんです。ちょうどそのころ、革命的非モテ同盟がインターネットではやってたんですね。二〇〇二年ぐらいか。それに影響されて一人でクリスマスにカフェを楽しんでしまえと。半ば当て付けで、わざわざカップルのなかに乗り込んでやった。ここに入ったら針のむしろだろうという予測があったので、破滅願望もありましたね。方向が違っていたら自爆テロまでいっていたような。

西井　復讐的な要素もあったんですか？

たぬき　ありました。モテとか喧伝している連中に。

西井　カップルいっぱいのところに男一人で行く、それをお前ら味わえ、という……。

たぬき　あとは男一人でもいていいだろう？、なぜいちゃいけないの？――こういう思いを実践してやるという気持ちもありました。
西井　恋愛的なものに支配された空気感に対するアンチテーゼ……。
たぬき　そうです。ただ実際に行ったら固まって……（笑）。
西井　そらそうだ（笑）。
たぬき　いろいろ積み重なったうえでの行動でした。

## 大学

たぬき　その後三、四回生は将来のことで忙しかった。目立った行動は起こさず……。恋がつらいのはずっとありました。大学を卒業はしたんですが、研究生という名目で残ってたんです。そして五年目の夏、同じ地元から新入生が入ってきたんです。その人が誰にでも感じよく接する人で、それでイチコロに……。恥ずかしいんですけど。
西井　五回生と一回生が知り合うのって難しそうですけど。
たぬき　新歓コンパで知り合いました。あとは教授の手伝いで学部生の授業に出てましたから。同じ地元だし、これはチャンスがあるかもと考えてしまったんです。ただ今度は、距離を詰めて引かれました。いきなり頭をなでてしまったり。
西井　それはどういうタイミングで？
たぬき　同じ授業の帰り道で。そのころ僕のなかで、その人を好きという思いが抑えきれなくなっていて、変な形で手が出てしまったんです。後輩なら接しやすく、言葉もかけやすい。自分のことをわかってもらえるという妄想がありました。
西井　そのとき文脈とかあったんですか？　突然？
たぬき　僕が突然迫ったんです。しかも僕が相手のことを好きということを伝えずに。いきなり行動に出てしまった……。
西井　急に触りたくなってしまった？
たぬき　それが変なんですけど、ここで触らなきゃという思いがあったんです。僕のなかではかなり高まっていて、ここでしなきゃと。身勝手だけどそう思ってたんです。妄想が勝手に広がっていた……。
西井　この「触らなきゃ」というのは差し迫っている印象を受けますね。何に追い詰められていたんだろう？
たぬき　いろいろ失敗して、ここで捕まえなきゃ逃してしまうという思いがありました。ここでチャンスを逃したらずっと一人だ、とか。いままで失敗してきたから、とか。失敗体験が積み重なって強迫的になっていた。逃しちゃいけない、と……。そこで彼女にはっきり拒否されず、「やめてくださいよ」とか冗談めかして言われて。その対応が火に油を注いでしまって。二、三度続けてしまいました。僕はそこでコミュニケーションをとれたと勘違いしてしまった。
西井　なるほど。こっちが投げたボールに相手は笑ってくれていて、親密なコミュニケーションができていると思ってしまった……。
たぬき　セクハラ（セクシュアル・ハラスメント）だけど……。

西井　そうですね……。でもこれまで女性とうまく関わってこれなかったのに、年下の女性は冗談を交えてコミュニケーションができていてうれしくなるという気持ちはわかります。そのあとどうなったんですか？

たぬき　またぶっきらぼう現象が出てしまいました。やっぱり嫉妬が大きくなっていったんです。

西井　告白はしたんですか？

たぬき　結局しなかったんです。告白していないのに「なんで付き合ってくれないの」と言いましたね……。

西井　すでにかなり親密な関係になっていた？

たぬき　と僕のなかでは思っていたんです。あくまで独り相撲。確か三月で彼女が卒業するってときでした。彼女と会えなくなるというときに……。僕のなかでは会えなくなる危機感が募って、彼女は僕から見た感じだとそういうことははっきりと言ってくれない。こんなに仲がいいのになぜ？、と。

西井　自爆型告白ですね……。それに対してなんて言われたんですか？

たぬき　はっきりと「迷惑です」と。バッサリ言われて。

## 「ぼくらの非モテ研究会」（非モテ研）

西井　非モテ研に来てからはどうですか？　もう五、六回ぐらい参加していますよね。

たぬき　そうですね……自分の経験を言葉にして、これがしんどかったとか引っかかっていたとか、つらさを表現する言葉を見つけられて楽になりました。女神化とか。自分の経験にこういうものだと名前がつくと助かると思います。自分のつらさが言葉になって、同じつらさを持っている人と語り合える。あとは非モテ研で思い出すのが……先行研究を見てやっぱりあれはそうだったとか、そのときのつらさやなんでそんなことをしてしまったんだという、ずっとわからなかったことが少しずつわかってきたり。そういう効果があって、来てよかったと思っています。非モテ意識が僕のなかでずーっと根を張っていて、これはなんとかしないとまずいと。影を背負ったまま生きてもいいことはないと思ったんですね。それがいろいろな行動に移している背景にあると思います。

西井　その影の形は変化してきましたか?

たぬき　まだまだですね。たぶん、影の形も見えていない段階です。影を見るにも非モテだったりアダルトチルドレンだったり、いろいろな方向から見ないと全体像はわからない。

## 2　自己破滅願望とぶっきらぼう現象の研究

ぶっきらぼう現象の中身

・機嫌が悪い態度

・きつい言葉がけ

ぶっきらぼう現象が起きる相手

・好きな相手

・好きな相手と仲がいい人

ぶっきらぼう現象から自爆型告白が起きる流れ

・女性にうまく接することができない

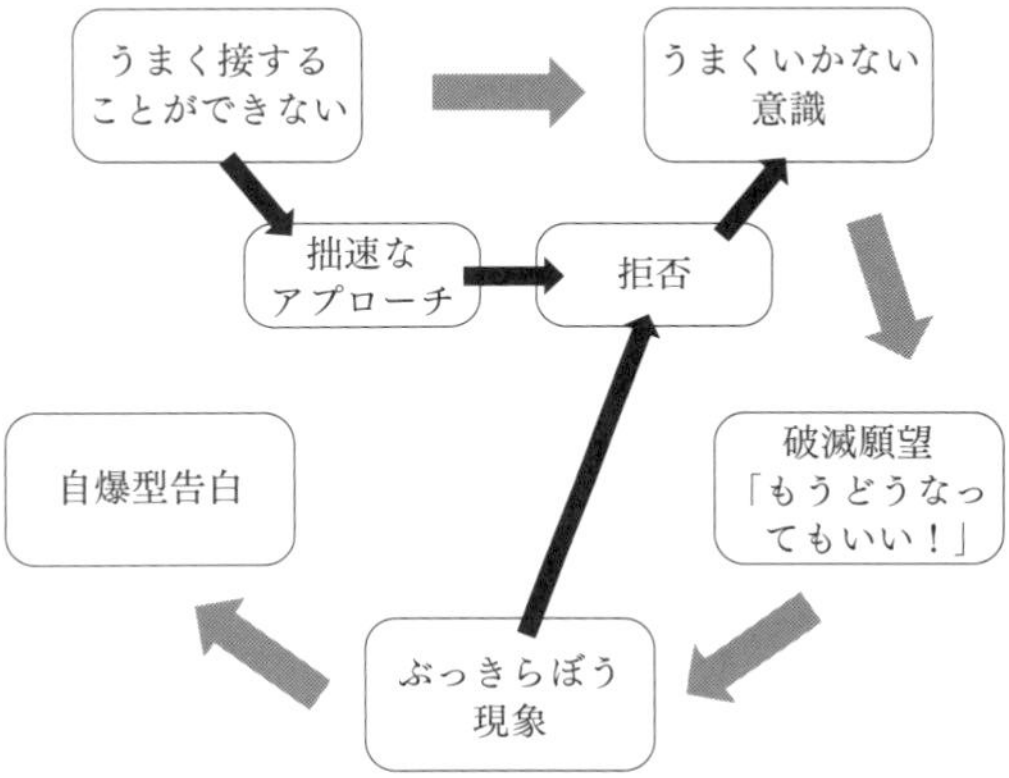


図1　ぶっきらぼう現象と破滅願望のメカニズム図

うまくアプローチできない。雑談さえどうしていいかわからない。会話するだけで固まって声が出ない。声がもともと小さく、コンプレックスに思っているのでちゃんと話そうと余計に緊張してしまう。

たぬき　私はあなたが好きですとか、付き合ってくださいとか、こういう言葉を出すシチュエーションやタイミングがわからない。雑談ができないのもあるんですけど。相手と日常会話をすると固まってしまう。緊張して言葉が出てこなかったりで。昔から声が小さいと言われ注意されて、それも失敗体験として影響がありますね。

・拙速なアプローチ

逃してはならないという気持ちが湧き、セクハラのようなアプローチをしてしまう。

・うまくいかない意識

拙速なアプローチの結果、相手との距離をうまく詰めることができず、さらに挫折感をためていく。

たぬき　恋や物事がうまくいかないと、自分でも幼稚だなと思うんですけど、心に負担がかかってストレスになったのかなあ。うまくいかない現状にイライラが募ってきて。……どのパターンもそうなんですけど、最初は付き合いたい、二人であれこれしたい、というのがありました。それがだんだん消えて、破滅願望が出てくる。うまくいかなくなると必ず出てくるんです。

・破滅願望

この恋はうまくいかないのだからどうなってもいいという気持ちが湧いてくる。

たぬき　破滅願望も出てきましたね。どうせうまくいかないなら、もうめちゃくちゃに、最悪の方向にいってしまえと。好きだという気持ちも残っているんですけど、それを抑え込んだり、刃物を突き立てる想像までしました。気持ちはあっても、行動に移したり、実現するためのスキルは自分にないし、状況はどんどん悪くなっている。だったらこの気持ちがつらさの原因だと考えたんです。

なくなってしまえと。本当はまだ修復の可能性があるのに、修復するよりも終わらせてしまおうという。それでぶっきらぼうな態度をとる。でも、好きという気持ちの部分は変わっていないという。

・自爆型告白

相手と付き合うことはかなわないとわかっているのに、まるで自爆するかのように告白する「自爆型告白」。それは、相手に何かを「残したい」という気持ちからきている。

西井　もう駄目だとわかっているなら自分で完結すればいいのに、なぜ告白までいくんでしょうか。

たぬき　当時ポルノグラフィティの「アゲハ蝶」という曲を、うまくいかない自分になぞらえて聴いていたんです。「ただそこに一握り残った僕の想いをすくい上げて心の隅において」という歌詞があるんですね。せめてこれだけは伝えたいという思いがありました。もうぐちゃぐちゃになって思いはかなわない。相手からの印象は最悪。でも好きだったことは伝えたい。女神に知ってもらいたい。自分のことを知ってほしい……。あらためて見ると、追い詰められてたなあ。

西井　余裕があれば建設的な方向にいくんだろうけれど、余裕がないから「もう駄目だ、破壊するしかない」って破壊してしまう。でも、それはそれでキツイ。だから一握りだけでも……。破壊をしながらもすくい上げを望んでいるという……。これは当時しんどかったんじゃないですか？

たぬき　とんでもなくしんどかったです。でもうまくいくように行動できなくて。「うまくいかないはずだ」と考えが固まってしまって。ぶっきらぼうになるのが楽だからそんな態度をとっていたというよりは、最初からうまくいくための道がないという感覚なんですね。
西井　それを築くだけのスキルもおそらくなかった……。
たぬき　そのうえ、「うまくいかない」と思わせられているところもあります。「お前なんかにできるはずがないだろう」と周りも言ってくるし、自分も自分に言う……。

ぶっきらぼう現象が起きる補足要因
・環境の変化
たぬき　環境の変化に弱かったんです。大学で一人暮らしを始めて、そのストレスがきていたのかなと。ただそれを顔に出して、いちばんぶつけちゃいけない相手にぶつけちゃったという……。

・ツンデレがいい
たぬき　一つ思い出しました。当時ツンデレがカッコイイと思ってたんです。
西井　ツンデレ憧れ……ありますよね……。僕もありました。きつく返すのがかっこいいと思ってました。なんででしょうね。
たぬき　気恥ずかしさがありましたね。いちばん大切な人に自分のデリケートなところは見せたくないという思いがありました。けれど誰にでもツンばっかり見せていました。

ぶっきらぼう現象を支えるシステム

・相談する相手がいない

たぬき　こうした苦悩を言葉にすることをしなかったんです。相談できる環境もなかったです、いま思えば。

・振り返らない

たぬき　問題は反省する機会が全くなかったことですね。ぶっきらぼう現象が起きても、振り返らずにそのまま終わってしまった。引っ越しや何やらで時間がたって、自分が受けた傷ややってしまったことの反省がそのまま置いていかれていた。それがあとにまで尾を引いた。同じことを繰り返す原因になってしまった。

写真1　「自刻像1」

写真2　「自刻像2」

**最後に（たぬき）**

気が晴れたり、問題の解決まではいかなかったのですが、少し楽になる方法を考えて試してみました。

・つらさを芸術の作品に込めてみる。

当時私は芸術を学んでいて、制作のテーマにしました。制作に没頭していると表現したい思いが先に立ち、その間だけはつらさを忘れられました。そのころの作品です（写真1）。思うように生きら

写真3　「表情が尖った「だめを」」

写真4　「座り込む「だめを」」

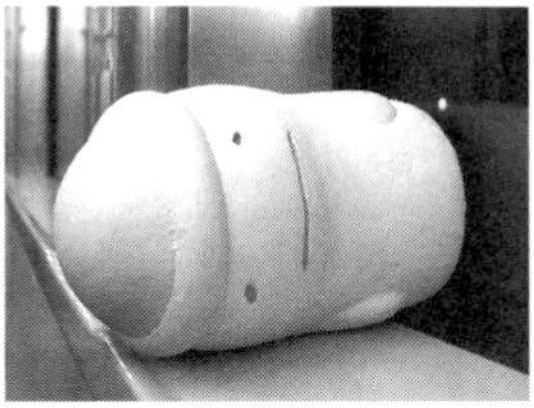

写真5　「寝転ぶ「だめを」」

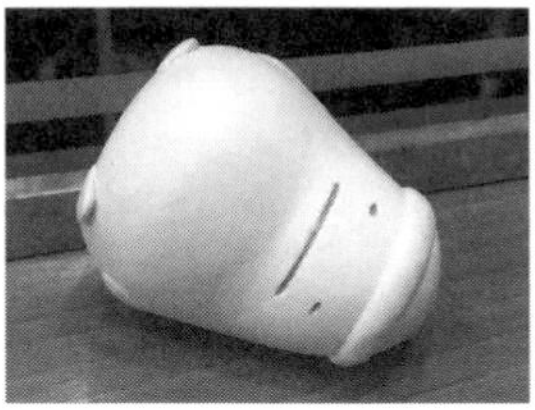

写真6　「食べすぎて動けない「だめを」」

れない悲しさやつらさを、悲しい顔、崩れる形に込めて制作しました。

写真2は私を生きづらくしている社会への怒りを込めて作りました。それから数年後、現在に至るまで同じテーマで「だめを」というシリーズ作品を作っています。かわいい形にして鑑賞者に笑ってもらおうと工夫しました。このときには、自身のつらさを客観視する余裕も生まれていました。

写真3はいちばん最初に作った「だめを」です。まだ表情に尖ったものがこもっています。

写真4は、最近の「だめを」です。膝を抱えて座っています。このころには角が取れた形に寂しさや悲しみを込めるようになりました。

写真5は、うつむき加減の表情で寝転んでいる「だめを」です。写真6で、最近は愉快なテーマも扱うようになりました。

・破滅をテーマにした作品にふれる。

こんなことは人に言えず孤立していたので、自分で作品を作るだけでなく、その衝動を受け止めて癒やしてくれる作品に没入し、他人にわかってもらえないつらさを慰めていました。

しかし、こうした方法でもつらさの根本が消えることはありませんでした。いまもなお決定的な解決の方法はわからないまま生きています。

# 3 加害の研究とつぐないについて

西井 開

## 1 加害の語り

いつごろからか、加害の経験とその後悔が「ぼくらの非モテ研究会」（非モテ研）で語られるようになった。初めは「非モテ」の苦悩に伴う女性への強い執着心が主に語られていたが、実際につきまといのような行動をしたという内容が話されるようになった。

思いを寄せる女性が食べたパンのごみを持ち帰ってきた、行く先々についていっていた、告白してふられたあと「おかしいじゃないか」というメールを何度も何度も送った……。なかには「当時ストーカーみたいなことをしてて……」と明確にそれがストーキングだと認識しているメンバーもいた。

こうした語りも否定されずに聞き届けられる非モテ研の雰囲気のためか、ファシリテーターやほかのメンバーに促されたわけでもないのに、加害につながりうる欲望や、ストーキング以外の加害経験を語る男性も増えてきた。急に手を握る、体を触る、抱きしめるといった性加害、ドメスティックバイオレンス……。非モテ研は、人の「ダークサイド」を語る場になった。

無表情に滔々と話す人、眉間にしわを寄せて苦悶の表情を浮かべながら話す人、語りの合間で深く呼吸を入れながら語る人。その様子は様々である。

性犯罪者治療グループを開く臨床心理士の藤岡淳子は、男性たちが自身の加害を自慢話のように語り合うことがある、(1)と書いているが、非モテ研でそのような現象はあまり見られない。また、自分は悪くないのだと無実を訴えるために語るのでも、自分の失敗から得た気づきを周りに啓蒙するように語るのでもない。自分が犯してしまったことについて、グループの中心にある空に向かって何かをそっと差し出すように語り出される。

語り手の多くが、罪悪感に苦しんでいた。語り出したからといって救われるわけでも許されるわけでもない。それでも、語ること、そしてそれを誰かに聞き届けられることで、自分が抱える苦悩や問題に少しでも変化が生じることを願うように、言葉はこぼれ落ちた。

罪悪感を抱くようになった時期は人によって様々だ。行為を犯して時間がたってから、例えば、セクシャルハラスメントや性暴力という言葉を知ったり、MeToo 運動の投稿を見たりして、過去に自分も同じことをしたことがあると気づいたときに罪の意識を抱く場合もあれば、行為を犯す際、すでにいけないことだとわかっていた、にもかかわらずやってしまったということもある。

前者の場合、何が加害にあたるのかを知らないという問題が考えられる。例えば「セクシュアルハラスメント」という言葉やそれにあたる言動を知らなければ、同様の行為で他者を傷つけていたとしても、それはおそらく「からかい」や「いたずら」「恋愛」という事象に回収され、加害者はそれが加害にあたると認識しない。しかし、加害を表現する言葉や被害者が受けた傷つきを知ったとき、自分が犯した行為の問題性に気づいていくのである。

また後者のように、その行為に問題があるとわかっているのに実行してしまったというケースは少なくない。もし彼が「女神」と付き合うことで救われるというストーリーを強固に組み上げた場合、なんとしてでもその人と深い関係になりたいという欲望を優先して行動に至ることがある。「相手を傷つけてしまうのではないか」というためらいを抱いていたとしても、加害や差別的振る舞いを正当化したり矮小化したりすることで心の隅に押しやってしまう。

当然そんなアプローチはうまくいかず、相手に拒絶されたり、相手を傷つけたりするのだが、そうして自分の行為はやはり過ちだったのだという事実が突き付けられたとき、追いやっていたためらいが罪悪感に姿を変えてせり上がってくるのである。

こうして生まれた罪の意識は、濁った水がじわじわと広がるように心を侵食していく。何かに取り組んでいるときや誰かと話をしているときには鳴りを潜めるが、一人でいるとき特に罪悪感は姿を現し、身体を締め付ける。どうしようもなくなって一人叫び声をあげたり自傷行為に至ったりする人や、自分は幸せになってはいけないと自分を呪い続けたり、もう誰も傷つけないためにと家にこもりがちになる人もいる。

生活がうまく立ち行かない苦労、被害を受けたという痛み、社会規範に縛られて陥る自己否定といった内容は、他者には理解されにくいという理由から、なかなか公に語ることができず、そのため当事者グループなどが開かれるようになった歴史がある。しかし、加害の語りにはまた別の語りにくさがある。

一つは聞き手の負担である。聞き手にとって倫理に反した経験や欲望は聞き入れがたく、また負担や二次被害につながるリスクがある。語り手もそれがわかっているから、安易に語り出すことができない。

もう一つは、糾弾・排除されるリスクである。もちろん加害行為を犯したことが問題視されるのは当然であり、責任の所在は明確にしなければならない。しかし、加害という振る舞いに対してではなく、加害者そのものに逸脱者としての烙印を押し、徹底的に非難して社会から排除する向きが強い空気のなかで加害を語ることは難しい。それどころか、後ろ暗い過去や、人には言えない逸脱的な傾向や欲望といったダークサイドを抱える人は徐々に居場所を失っていく。そして、もしも居場所を失った場合、彼（彼女）は延々と一人で自身の罪悪に向き合うことになる。

## 2 温かい場で責任を紡ぐ

あまりに強い罪悪感は、終わることがない苦悩と自罰を生み出す。加害者が徹底的に自罰しているという姿は、一見自分の罪に向かい合っているように見えるかもしれない。しかし、加害者が自罰し続けたとしても事態は何も変わらない。被害者に残った傷がなくなるわけでもなく、加害者も自分のどこに問題があったのか整理しなければ、また無意識のうちに同じ加害行為を繰り返す可能性もある。強力な罪悪感は、加害者が責任をとることをむしろ妨げる。

「責任」という言葉は、例えばパワーハラスメントを訴えられた会社員が辞任させられるといったように、不本意に執行される事象のように捉えられる傾向にあり、その際加害者は罰される受け身的な存在として位置づけられる。しかし、「責任」は英語では「responsibility＝respond（応答する）＋ability（可能性）」と訳され、つまり「責任をとる」とは能動的に被害者に応答していくことを表している。

加害者臨床に取り組む臨床心理士の信田さよ子は、責任をとることの内実として、①謝罪と賠償（謝り、償う）、②アカウンタビリティ（説明責任＝やったことをすべて認める）、③再発防止（二度と繰り返さない）を挙げ、加害者臨床は加害者がこうした責任をとれるように方向づけるためのものだという。[2]

ただこうした責任をとるにしても、まず加害の事実に向き合い、自分の何が問題だったのかを正確に理解することができなければ始まらない。しかし、罪悪感が渦巻き、過度に自罰的な状態にあるとき、加害の事実にふれることは難しい。罪悪の苦痛をより強めることになるかもしれないからだ。そうなるくらいなら自身を呪って社会から距離をとるほうがまだいいと考えてしまいかねない。

前述したダークサイドを持つ当事者を場から排除しようという傾向は、以上の点で問題を抱えている。

加害の事実に向き合うことを妨げるもう一つの要因は、前述した「正当化」である。「ほかの人もしている」「男性は強引でなければならない」「相手が自分にこうさせる」「ストレスがたまっていたから」「性欲が抑えられなかった」など、加害を正当化したり矮小化したりする言説は社会にあふれていて、それは罪悪感を和らげはするが、加害者が責任に向き合って問題を解決することから遠ざけてしまう。

過度な自罰にも至らず、開き直りもしない。罪悪感を抱えながらも加害に向き合って自分の行為を振り返る。非モテ研で加害の語りが可能になるのは、グループに流れる「温かい空気」なのではないかという話題になったことがある。

逆に一人自罰を繰り返しているときは「温度がない」。ただ自分が悪いという意識だけが中心にあって、過去を振り返ることも、未来に変化を見いだすことも頭から消え去っている。罪悪感にとらわれた加害者の時間は止まり、罪悪感を中心にグルグルと回転し、自罰することだけがすべてになる。

ところが、グループが生み出す「温かさ」を身体が知覚したとき、同時に時間は動きだす。罪悪に延々ととどめるまなざしから少しだけ抜け出た空間で、ようやく私たちは本当の意味で自分の問題に向き合うことができる。

「温かさ」を醸成するものとして、まず語りを聞き届けられるということがある。非モテ研では加害の語りを否定しない。加害行為をした人の参加を断りもしない。どうしようもなくやらかしてしまうということを前提に置きながら、全員で加害行為に耳を傾け、ときに「自分も同じことをしていた……」という言葉が投げかけられる。それは、語り手を排除や糾弾の怯えから解放し、安心感をもたらす。

もう一つ、自身を罰することをいったん保留するということも重要になってくる。加害の罪悪感に苦しんでいる当事者は、自罰感情が重すぎて身動きがとれなくなっている状態にある。当事者研究では、罰するか否かの判断をいったん脇に置いて、まずは自分自身に起きたことを研究することが目指される。そうすることで「温度」がよみがえる。

ただし、加害に至るプロセスを探る当事者研究は「加害者にも加害をおこなうだけの事情や背景がある」という言説を呼び込んで、へたをすれば加害者を免責するツールになってしまう危険性がある。しかし本来当事者研究は、当事者が他者の問題ではなく自分の問題に向き合おうとする営みであり、加害者にその姿勢があるならば、当事者研究とそれに伴う外在化の手法は大きな意味を持つ。

女性蔑視・軽視の思考や、加害的振る舞いを正当化する語彙や態度、加害を可能にする権力構造などは、加害者にとってあまりに身近にある。当事者研究という活動の肝でもある「外在化」の手法を考案した家族療法家のマイケル・ホワイトによれば、それらを意識化するために外在化は用いられ、外在化することで他者との適切な関係性を模索することができるという。(3) 当事者研究は自身の問題や自罰感情を外在化していったん距離を置き、加害者がより深く自身の立場や態度に鑑み、その振る舞いを変容させるアプローチとして、位置づけられるべきだと思う。それが結果的に説明責任と再発防止につながっていく。

## 3　薄皮をはぐように

それでも、こうした営みは被害を受けた人からすれば無責任なものに映るかもしれない。何を悠長なことをしているのか、と。しかし、一人で粛々と罪の意識に向き合うことには危険がある。結局なんの変化も生じないし、また自罰を繰り返すことの苦痛に耐えきれず、なぜ自分がこんなにも罰されなければならないのかという被害者意識を醸成させ、開き直りや他者批判につながる恐れもある。信田は「責任をとる」という営みに対して無限に自罰をするというイメージしかないために、加害をした男性たちは責任をとることができず、逆に怒りを抱いて被害者を責めるようになるのではないか、という仮説を提示している。(4)

だとすれば、重要なのはオルタナティブな責任のとり方を提示していくことだろう。罪悪感を抱えやすい形に変えて加害の事実にふれ、再度おこなわないためにメカニズムを解明し、再発防止に努めること。それは一人では難しい。正当化の罠にはまってしまうか、過剰に自己否定になってしまうから。自分のダークサイドに取り乱しながらも、またやってしまうのではないかという不安を抱えながらも、糾弾される恐怖にうめきながらも、仲間と自身の振る舞いを見つめ直す。こうしたダサくてしょぼい責任のとり方があるのではないだろうか。

ただ、非モテ研の責任を引き受ける営みはまだ道半ば、というか一合目に達したところだ。加害の事実に向き合うことは簡単ではなく、薄皮を少しずつはぐようにしか進まない。一度は加害経験を語れても、また語れなくなることもある。

私たちは自らの責任を主体的に引き受けていく道筋を作るために、非モテ研とは別に「つぐない研究会」（つぐ研）というグループを作って活動を開始した。先ほど引用した信田の責任論も、つぐ研の活動を通じて学んだものだ。

しかし、私たちはすぐまた袋小路に入ってしまった。責任のなかには「謝罪・賠償」という内容があるが、メンバーたちが犯してきた加害はすでに過去のものが多く、いまから被害者に謝罪をしようとするのは被害者にとって負担であり、二次加害にさえなるのではないか、という疑問が浮かび上がったのである。

いったい被害者は何を加害者に求めるのか。それを学ぶために、私たちは長らく女性被害の臨床活動をしてきた臨床心理士の村本邦子さんをつぐ研に招いて話を聞いた。村本さんは以下のように話してくださった。

「被害者は、二度と加害者に会いたくないし、思い出したくもないと思っていることが多く、加害者の都合で直接被害者に謝ろうとアプローチするのは侵入的な行為であり、すべきではない。ただし、関係性によっては、被害者が加害者と対峙したいと思うときがあるかもしれない。仮に被害者から申し入れがあったとき、自分の犯したことを認め、謝罪し、過ちを繰り返さないために努力してきたことをきちんと説明できる自分になっておくことは重要だと思います。そのためには、加害の背景にあったもの、例えば自分が受けてきた被害も含めて、語って整理することが大事です。ただし、具体的におこなった加害行為はそのことによって免責されるわけではないということは押さえておかなければなりません。あとは、直接的に被害者に対する形でなくとも、償いにあたる具体的行動をするのがいいですね。戦後、ドイツのNGO「行動・償いの印・平和奉仕」は、若者たちを被害国に送り、草むしりや掃除をさせることから始めたといいます。そうやって異なる文化にある人々を知り、対話が生まれるのです」

被害者が対峙したいと思ったときに応答できるような人間になっておくこと、被害者のためになる間接的な具体的行動を起こすこと。ミーティングを通じてこの二点をさらに模索しよう、と私たちは話し合った。非モテ研の責任を果たす営み、その先は長い。

注

（1）藤岡淳子「「力」のアディクション――封印された「恐れ」と「暴力」」、藤岡淳子編著『アディクションと加害者臨床――封印された感情と閉ざされた関係』所収、金剛出版、二〇一六年

（2）信田さよ子『〈性〉なる家族』春秋社、二〇一九年

（3）マイケル・ホワイト『人生の再著述――マイケル、ナラティヴ・セラピーを語る』小森康永／土岐篤史訳、ＩＦＦ出版部ヘルスワーク協会、二〇〇〇年

（4）前掲『〈性〉なる家族』

終章

# 男の悩める場所

# 1 個人研究

# 人を頑張ってバカにしてしまう病の研究

マイル

マイルと申します。「ぼくらの非モテ研究会」(非モテ研)は第三回から参加しています。ここでは、第三十六回の非モテ研「孤立の研究」でぼく自身が語ったことから、さらに研究を深めて発表します。テーマは、ぼくが長年患っていた、人を頑張ってバカにしてしまう病についてです。(1)

## 1 高校卒業までの友達付き合い

おそらく父の家系の遺伝ですが、ぼくは吃音(2)があります。母によると二、三歳の話し始めたころから、少しどもっていたようです。でも、幼稚園に行く年になっても自分では気がつかないくらい、軽いものでした。

ただ、小学二年のころから、症状が重くなりました。音読や発表のときなど苦労しましたが、小四からは「ことばの教室」という小学校内の通級教室に週に一度通い、母も吃音についてよく勉強してくれ、また学年が上がるごとに吃音のことを説明しに資料を持参して担任の先生に会いにいってくれました。ことばの教室の先生と、担任の先生と母の三者の間で交換ノートも毎週回されました。吃音についてクラスでからかう人がいると、担任の先生は必ず注意してくれました。音読・発表について希望を聞いてくれることもありました。クラスではいい友達も何人かできました。

ただ、自分でいうのもなんですが、ぼくは勉強がよくできました。べつに塾にも行かず、みんなと同じように授業を受け、めんどくさがりながら宿題をしていただけなのに、いつも成績はよかったです。勝手に歴史漫画を読んだり、各国の首都を覚えたりして遊んでいました。小四から近所のおじいさんに勉強を少し見てもらい自信をつけていると、遠く岡山に住む学歴厨《がくれきちゅう》(3)の祖母が両親に「学費は出すから私立の中高一貫校に行かせてあげて」と言い、その提案にぼくは乗って、中学受験のための塾に通い始めました。これが楽しくて仕方がなかったです。小学校の勉強は簡単で退屈だったのですが、塾の先生たちの語りは魅力的で、内容も知らないことばかりで、授業がない日も塾の自習室に行くくらい、進んで勉強をしていました。

が、ここで同時に起きたのが、小学校の同級生をバカにするということでした。ぼくから見るとあまりに簡単なことも知らない同級生と学校の授業をバカにして、少しひんしゅくを買っていました。ただ、このときは自己病名にあるように、「頑張って」バカにしていたわけではありませんでした。知識や学歴に基づく上下という差別がいつの間にか内面化されていて、「自然と」バカにしていたのでした。学歴厨の祖母の影響を受けた父が、「マイルくんは特別や」「もともと賢いし頑張り屋さんやから」「そこらへんのしょーもないのとはちゃうんやから」と言っていたことに影響を受けたのかもしれません。人格者の母や担任の先生は少し心配していたようでした。

なにはともあれ、志望校である私立の中高一貫男子校に合格しました。そこでも少数ながらいい友達はできたのですが、学校の雰囲気は、いい大学に入ることか部活動で成績を残すことしか認められる価値観のない、能力主義的なものでした。中一の四月に学年全員が講堂に集められ、「学年全員京大合格！」という冗談のプレゼンテーションを先生たちに見せられたくらいです。その雰囲気のなかでは、吃音は大きなコンプレックスになり、少数の友達以外の人とはできるだけコミュニケーションをとらない日々を送っていました。かつて通った公立小学校にはことばの教室という支援体制がありましたが、私立中学にはありません。公立中学もことばの教室それ自体はないことが多いのですが、地域によっては小学校のことばの教室と連携がなされているようです。しかし、私立中学となると、小学校のことばの教室とのつながりもありません。母も、私立中学の権威主義体制を怖がり、担任の先生に吃音について丁寧に説明することはしなくなりました。潤沢にあった吃音への支援が、中学に入ると同時にぷっつりなくなりました。一般に、私立中高に進むことは恵まれたこととされていますが、特に障害がある人にとっては、能力主義的で画一的な私立よりも、多様性のある公立のほうがいい面も大きいのではないかと思います。

さて、私立中学でもぼくは、同級生をバカにしていました。ですが、それは成績によるものではありません。みんな中学受験をして入学しているわけですし、ぼくはそのなかで特によくできるとは言えませんでした。小学校のころに同級生をバカにしていたのとは質が違いました。中高で初めて、自己病名にあるように「頑張って」バカにするようになったのです。病気の発症です。つまり、どういう同級生をバカにしていたかというと、自分よりいわゆるリア充(4)な人たちでした。

学校の雰囲気にうまく乗れていて、クラスでよく騒いでいる運動部の、スクールカースト上位の人[5]たちです。正直彼らがうらやましかったし、ちょっと仲間に入りたかった。小六から中一のころ、吃音の症状が軽くなっていて、背がいちばん低くかわいかったのでいじられキャラになることで、そういう人たちとも仲良くやれたのですが、中二から症状が重くなって、少数の気が合う友達以外とは話さなくなりました。クラスのことは彼らスクールカースト上位者が主導権を握って決めていくのですが、それに関わることができず、仕方がないので「やつらはつまらないことばかりしている」とか「何も考えてない」「ただ群れているだけ」ということにして、仲のよかった友達と一緒にこっそりバカにしていました。またべつに、もっとオタクっぽい人たちもいて彼らとも没交渉だったのですが、彼らに対しては逆にマジョリティ目線で「オタクだから」とバカにしていました。つまり、学校の学年二百七十人のうち二百五十人はバカにする、ついでに教師もバカにするという、周囲の人間ほぼ全員バカにする体制をもって、なんとか自尊心を保っていました。ほかの生徒より秀でたところというと、ちょっと難しめの本を読もうとしているとか、よく友達とJRの「青春18きっぷ」で旅行していたとか（これは秀でているのか？）でしかなく、バカにする根拠は薄かったのですが、それでも頑張ってバカにしていました。

このように書くと滑稽なようですが、実際の中高生活は大変でした。ぼくの吃音は学校ではタブーになっていて、誰もふれませんが、しかし授業などで当てられるとどもります。そのときがいたたまれなくて、強くどもると毎回、机につっぷして寝てるふりをして泣き、十分間の休憩時間に涙が見えないようにトイレの個室に駆け込み、授業開始の鐘が鳴るまでずっと泣き、誰もいなくなった折をみて洗面台で涙の跡がないか確認し、こっそりクラスに戻るということを中一から高二まで続けました。吃音がさらに重くなると、先生も配慮してぼくだけ当てなかったりしたのですが、それはそれで仲間外れ感がありました。結局、誰も対話してくれませんでした。ぼくから先生に話しにいこうと思ったこともありましたが、勇気が出ずやめました。

小二まではスラスラ話せていた記憶しかないのです。また、一人で音読するときや友達と気軽に話すときは、そんなにどもらないのです。だから、本当は話せるはずなのに、こんな腫れ物みたいな扱いを受けてしまうことが悔しくてなりませんでした。

不登校になりそうなギリギリのところでした。実際、当てられそうな授業が一限目や二限目にあるときはわざと遅刻したりしていました。生徒用カウンセリングルームもあって、勇気を出して相談しようかと思いましたが、常時開いているわけではなく、しかも使うときには職員室の先生を通してカウンセリングの先生に連絡しないといけないという愚か極まりないシステムで、結局一度も使いませんでした。

周りをバカにする根拠としていちばん大きくあったのが、自分は吃音によって人生の苦労を味わっているということでした。「あいつらは楽しそうにやってるけど、それは人生を何もわかってへんいうことや。この苦しみにこそ真実があり、ぼくはそれをよくわかってる。あいつらは家に金があって、吃音の苦労もなく、遊んでいるだけや」と思っていました（わが家は、父方の祖父母こそ孫の私立中高の学費を払えるくらいに裕福でしたが、父母はともに非正規労働者で決して豊かとは言えませんでした）。が、高校三年になると、吃音の自助グループに行ったり、自助グループの人が書いた本を読んだりして吃音と向き合うことができるようになり、またクラスの雰囲気もよかったことから、いわゆるリア充っぽい人たちとも交流ができました。そうすると、交流ができた人たちのことは、同じ人間なのだと見ることができました。

中高では、部活というみんなが長い時間真剣に打ち込むことを経験せず卒業してしまい、それがコンプレックスでした。ただ、大学に入ったら変わりたいと思っていました。中高は友達もあまりできなかったけれど、大学に入ったらサークルなどでいろいろな人と交わり、勉強もよくし、アルバイトなんかもし、恋愛もし、と夢見ていました。大学受験では、第一志望の国立に落ち、私立に入りました。

## 2 友達ができない

入ったものの、希望に反して友達ができませんでした。ちょっと話すくらいの人はできたのですが、それでもあまり話す機会はなく、お昼ご飯を一人で食べるのがいやなので、たいして仲良くもない友達を誘って疲れたりしていました。サークルにも入ったのですが、そこでも似た状況でした。

周りの学生には、楽しそうにしている人もいました。運動部出身っぽい筋肉質な体の男子と、メイクをしっかりした女子たちが、堂々としているように見えました。比べて、ぼくは中学生が放課後に制服から着替えて近所のＢＯＯＫＯＦＦに行くような服装で、中高と部活もろくにやらず人とコミュニケーションもとっておらず、また吃音のコンプレックスもあって、キラキラした彼らを見て自信がなくなりました。そういうなかで、なんとか自尊心を保つためにすがったのが、自分はこの大学に来るはずではなかった、本来はレベルが上の国立大学に行くはずだったのだ、この大学で友達ができないのも彼らと知的レベルが違いすぎるからだ、という考えでした。五月に国立大学の入試の成績開示があり、十一点という微妙な差で落ちていたことも、その考えに拍車をかけました。

実際、中高のころは友達が少ないながらいて、彼らは国立大学や関東の「一流の」私学に行っている、自分もそのレベルの大学に行けば友達ができるにちがいないと思い、再受験を考え始めました。行き帰りの電車や自宅で、受験のときに使っていた英単語帳を開いたりしていました。

しばらくは我慢して通っていたのですが、再受験の覚悟ができた六月の終わりに行くのをやめました。万一落ちたときのことを考えて後期は休学することにし、近くの図書館の自習室に通って国立大学に合格することを目指して勉強しました。

そのときは追い詰められていました。というのは、先にも述べたとおり、自分は中高と部活などをあまりやっておらず、他人に誇れるものが勉強しかなかったのです。「でも、いまのまま私立に通っていると世間から、あのバカにしていた学生たちと同じ知的レベルとされてしまう」。それは耐えられませんでした。あの私立大学のリア充っぽい、「何も考えてなさそうな」人たちを、堂々とバカにできる根拠が必要だったのです。

父母はその春に離婚していて、ぼくは以前から住んでいる父の家にいたのですが、よく母の家に行ったり、東京の国立大学に進学した友人に電話をかけたりして、「いま行ってる私立大学はアホばっかしや」「あんなやつらとは友達なられへん」と言っていました。友人は「そらそうやわな。

○大はレベル高くてええで」と言っていましたが、母はやはり心配していました。母は人格者なのです。

　そんなふうに、「あの私立大の連中とは違うんや」ということを心のよりどころにして受験勉強をしました。と同時に、もう一度大学生活をはじめからやり直し、自分に合うサークルに入り、様々な人と交わり、いい友達を作ることを夢見ていました。人生をやり直すのにふさわしい舞台を用意するという気持ちと覚悟でした。追い詰められていたからか、おそろしく勉強がはかどり、一日に十二時間勉強した日もありました。次の入試ではかなり余裕を持って合格できました。

　そうしてやっと入った国立大学です。ここでは当然、友達ができるはずでした。自分でも、積極的に新歓[6]に行くなど努力をしました。家から一時間強で通える距離でしたが、友達を作りたくて大学の寮にまで入ったんです。

　なのに、なんと、友達が全然できなかったのです。これには本当に驚きました。いまから思うと、やはり中高と少数の友達としか交わらず、また吃音のコンプレックスもいまだに強く、人と話すのに緊張していたためなのだと思いますが、当時は無我夢中ですから何もわかりません。誰とどうしたらつながれるのかわからないまま、いろんなサークルの新歓に行ったり、緊張しながら無理に話しかけて友達を作ろうとしたりして、どんどん消耗していきました。

「私立大学は周りがアホやから友達ができなかった」。これが当初の理論でした。ですが、その国立大学で友達ができない以上、理論の誤りを認めざるをえません。大学では変わりたい。変わることはできる。中高は吃音のコンプレックスがあって友達がほとんどできひんかったけど、大学からは周囲にカミングアウトもして自助グループも行って、向き合っている。だから友達はできるはずやのに、できてない。もう、どうしたらいいのかわからなくなりました。人と会うのは本当はいつも緊張していて、寮でなど生活できるはずもなく、結局ほとんど実家に帰っていました。寮には食堂がありましたが、一度もそこでご飯を食べることができませんでした。友達がいない自分を見られるのは恐怖でした。便所飯(7)という言葉がそのころ出てきていて、それはしなかったものの、気持ちがわかりました。

そして、同時に気づかざるをえなかったのが、自分が何がしたいのかわからないということでした。中高は吃音の恐怖で部活は真面目にやっていないし、いまの国立大学も、世間の人たちと何かしら関わって生きるには、彼らが認めざるをえない権威で自分を守ることが必要と思って、勉強しか取りえがないからと必死で受験勉強して入ったのでした。教養を得たいとか学問なるものがしてみたいという気持ちもありましたが、それが半分、権威を得ることが半分でした。サークルは、先輩たちが真面目でおとなしそうで、ここならぼくも受け入れてくれるかなと、お能をするサークルに少し入ったのですが、本当に興味があったわけではないので十一月にはやめてしまいました。

受験勉強にだけは自信があったのでそれを生かしたいと、アルバイトで個別指導の塾講師の面接を受けたのですが、吃音のためか頼りなさそうだからか、九つ受けてすべて落ちました。大学の授業や勉強も、人とつながれないことへのどうしようもなさで胸がいっぱいで、手につきません。全体に、無気力状態になりました。吃音の症状も秋から悪くなっていました。

もう、大学に来るのもやっとです。人を見るのが、否、人から見られる、その目線が恐怖でした。

電車に乗ったり街を歩いたりするのもいやでしたが、それはまだいちおう救い（?）があるのです。同年代の人たちと自分を反射的に比べてしまうのですが、相手が（一見）健常者でぼくよりも背が高くて（ぼくは幼少期から低くていまも百五十六センチしかありません）、服装がしゃれててイケメン（つい男性と比べがちです）でも、それでもぼくのほうが、行っている大学の偏差値という一点では確実に勝っている（ぼくの大学がその地域でいちばんの偏差値でした）。そのことだけが支えで、なんとか電車に乗って大学まで行くことができていました。でも大学に行くと、もうその偏差値で勝利メソッドが使えなくなります。そのときは、かつて中高のころにしていたように、自分はこれだけ苦しんでいる、だから人生というものがわかっている、それに比べてあいつらは、どうせ全然苦労せずにいままで生きてきたんやろ、と思うことで、プライドを保っていました。

周りをバカにするというのは、なかなか人に言えることではありません。それでも、一度言う機会があったんです。通っていた吃音の自助グループで、少人数の組になって、どんなことでもいいから正直に、自分の欠点や直したいところを告白しあうという時間がありました。ぼくは、「人をバカにしてしまう」と正直に述べたのです。すると、グループの古株である年配の男性に、「え、それは…あかんやろ…直さな…」と普通に引かれてしまいました。

## 3 カチコチに固まる

周りになじめず、カチコチに固まって全然話せなくなることがいまもまれにありますが、このころはよくありました。いまぼくは、場面緘黙(8)の経験者と少し関わりがあるのですが、彼らが体験してきたものと近かったのかなと思います。いわば、一時的な緘黙症状と言えるでしょうか。外から見ると固まって何も考えていないようだけど、頭のなかはこの振る舞いでいいのだろうかという他人からのまなざしへの恐怖が高速回転していて、ふらふらになります。

それは、マジョリティ的文法が支配する場所でよく起こります。その文法は、当事者研究のようにゆっくり丁寧に対話していくのとは真逆で、瞬発的面白さが重んじられます。あるいは、なんらかの能力の高さも大事にされます。逆に、弱さを公開するようなことは、忌避されます。弱さの塊のような当時のぼくは、居場所がありませんでした。カチコチに固まったあとは、体が芯から冷えます。お風呂に入って温めたりもしましたが、やはり同時に、その場にいた人たちを心のなかで徹底的にバカにすることで、なんとか心のバランスを保ったのでした。

頻度は減っていきましたが、カチコチに固まることはその後も起きました。東京に行って大企業で働く先輩たちと話すという、学部の就職活動イベントに参加したときや、学科の卒論ゼミでなど、ほとんど話せず、誰ともつながることができませんでした。

いまは、マジョリティ的文法の支配下にない場所に行くようにしているので、カチコチに固まることはほとんどありません。でも、当時はその文法の支配下にある場所しか知りませんでした。そういう場で人と交流しようとしても固まってふらふらになるだけなので、単位のためやむをえず授業に出るほかは、引きこもったり、祖父母のお金で一人旅をしたりしていました。

## 4　回復

二回生になっても、大学では友達ができないままでした。が、インターネットと書物にいい出合いがありました。インターネットでは、生きづらさをつづったブログに出合って共感し、社会に適応できなくともなんとか生きている人たちもいるのだと知り、慰められました。書物では、村上春樹の長篇小説に救われました。同じ作品を十回以上繰り返して読み、涙を流すことができました。

大学をサボって一人で部屋にいて、孤独のためか胸が本当に痛み、涙を流したことも何度もありました。なんとか必要最低限だけ大学には通うことができていました。孤独なままでしたが、村上春樹とインターネットによってできた休息は、現実を変えていく準備になりました。また、家族の存在や支えも大きかったです。両親の離婚で大学に入ったころから祖父母と父と一緒に住むようになっていたのですが、祖父母とは毎日会話があって、また大切にもされ、孤独を癒やすことができていました。

また、それまで行っていた五十代・六十代の人が多い吃音自助グループではなく、若者向けの吃音自助グループに行くようになりました。ここで、友達が少しできました。吃音についてつぶやこうと「Twitter」も始め、全国の吃音の人とつながることができました。ただ、その若者向け吃音グループと「Twitter」のコミュニティに、ほかに友達がいないせいで依存的になり、互いに憎しみあっていまは口もきくことができなくなった人が何人かいます。その人たちにはいま、謝りたい気持ちもあり、謝ってほしい気持ちもあります。対話したいけど、バカにされるんじゃないか、逆に自分もバカにしてしまうんじゃないかと思うと、怖いです。いつか、対話できる時期がきたらいいなと思います。

さて、三回生になって、発言・発表もすることになるゼミ形式の授業を取ってみたり、サークルに新しく入ったり、活動が積極的にできるようになってきました。日常的な会話は人と交わせるようになりましたが、誰かと心が通じ合えたという感覚は持てないままでした。

三回生の夏は、インターンシップ(9)などで文系の就活が事実上スタートする時期です。企業の説明会に出てみたのですが、どこの企業のブースを見ても、そこで働くことにイメージが全く持てませんでした。そもそも吃音があるので、質問タイムに手を挙げることさえできません。障害者手帳があると就活に有利になることから、三回生のはじめに吃音で身体障害者手帳を取ろうとしたのですが、役所の審査を通りませんでした。その後、五回生の夏に吃音を理由に精神障害者保健福祉手帳を取得するのですが、三回生のときはまだ、吃音で障害者手帳を取ることができるという情報は、ほとんどどこにも出回っていませんでした。お世話になっていた吃音を専門にする医師でさえ、知らなかったくらいです。

いままで、なんだかんだレールに沿って生きてきました。しかし、ここではじめて、進路の危機に直面します。就職ができないとしたらいったいどうすればいいのか。大学院に行くほど何か研究したいことがあるわけでもありません。秋には不安からノイローゼになり、授業にもあまり出られなくなりました。ひとまず判断を先送りするために、四回生次の休学を決めました。

三回生の終わりにやっと、長く続けられるアルバイトを始めました。出版社での校閲の仕事でした。好きな歴史のシリーズ本でしたし、人とスムーズに話すことが求められたわけでもなかったので、気楽にやっていました。相変わらず友達はできないままだったのですが、休学中の四回生の終わりになって、大学の外の人たちとの関わりができました。演劇系のワークショップに行くようになったのです。ここではじめて、周りの人たちに受け入れられたと感じることができました。先生は東京の方だったのですが、ちょうど関西出張を始められた時期で、それを手伝いながら参加していました。そこの人たちはみんな年上で、年齢も二十代から七十代までバラバラでした。いままで、大学生同士では互いに比べ合い、劣等感にさいなまれていたのですが、そこでは人と比べないですみました。そして、みんなぼくを大事にしてくれました。その後、当事者研究の集まりにも出合い、友達が老若男女を問わず増えていきました。

結局、就活はしないで卒業し、フリーター&ニートになるのですが、その機会を生かして、対話の場や勉強会にたくさん参加しました。また、高知県で果物の文旦を取るアルバイトをしたり、キリスト教の集まりに行きその流れで香港のキリスト教大会に出たり、興味あることはなんでもしました。その文脈のなかで、非モテ研にも出合いました。吃音のコンプレックスは気がついたら小さくなり、そしていちいちバカにしなくても人と関われるようになりました。

## 5 結局、友達はできたのか

さて、いまはというと、友達がいっぱいいます。でも、その友達との関係性は、私立大や国立大に入って「友達がいない」となげいたときにイメージしていた「友達」像とは全然違うものになっています。幼稚園、小・中高のころはほとんど、毎日一緒に過ごす友達がいました。でも大学に入ってそれができず、それでいっぺんにさびしくなりました。毎日一緒にいる友達はいまもできていません。でもいまは、幼稚園、小・中高以上に、周囲の人たちとの関係に満足しています。友情を一人や少人数に依存するあり方が、大学生のころの孤独な日々を経て、多くの人と緩く広い交わりを持つ方向へとシフトしたのだと思います。もとは河合隼雄さんが言ったことのようですが、当事者研究にもよく言う「依存先を増やす」[10]ということですね。

いまはどんなに仲がいい友達でも、月に三、四回会うくらいです。それも、純粋に会うために会うことはめったにありません。勉強会の打ち合わせとか、古跡めぐりをするとか、そういうために会います。目的を同じにする「同志」たちです。また、勉強会や読書会に月に三つ四つ参加しているので、そこで会ったときに話をする人もいます。当事者研究や歴史のこと、人権と差別のことなどを考える会によく参加するのですが、たくさん知り合いができ、この人と一緒にこういう会を企画できるかなと画策しています。「ユニバーサル哲学カフェ」というタイトルで、障害などマイノリティ性について考える会も友人と一緒に主宰しています。

ただ将来は、シェアハウスなどで毎日顔を合わせる関係を家族以外とも築きたいと思っています。非モテハウスに住みたいです。

## 6　競争からケアへ

小学校も一部にそうだったかもしれませんが、男子校の中高で育まれた友達関係は、競争的なものでした。定期試験でどちらがいい点数を取れたか、いつも比べ合っていました。負けたらバカにされ、勝ったらバカにするのです。競争の結果、切磋琢磨していい成績を取ることができたこともありましたが、しかし弱さを情報公開してケアしあう発想はなく、弱点は互いに隠していました。ぼくの吃音は明白なものでしたがタブーになり、親しい友人ともその話はしませんでした。

吃音のことを、中高でいちばん仲のよかった友人に話せたのは、大学に入ってからでした。彼は東京の大学に行ったので、電話で話しました。何を言ったのかは覚えていませんが、とにかくぼくがめちゃめちゃに泣きながらだったことを覚えています。

とはいえ、大学もやはり、競争的なコミュニケーションが多かったと思います。そこから解き放たれたのは、大学の外の民主的な学びの場に参加するようになってからでした。そこにはもちろん、非モテ研などの当事者研究も含まれます。

それまでの競争的なコミュニケーションは、「ノリ」や「常識」という言葉にとりつくろわれた、加害のしあいっこをベースにしたものでした。そこでやっと、被害を受けずにすむ安心感が持てました。いままで、「どうやってほかの人を出し抜いて、場に笑いをもたらして自分の地位を確立しようか」とか、「この場ではいつ加害されるかわからんからできるだけ存在感を消さなくては。あぁぼくずっと黙ってるけど、みんなどう思ってるんやろ」とか、被害を受けないために向けられていた緊張は、自分が加害しないよう気をつけるのに回すことができるようになりました。

いまでも、中高の友達四、五人で集まることが年に何度かあります。そういうとき、まぁ楽しく話すのですが、身長百六十五センチ以上の彼らは急に、目の前から身長百五十六センチのぼくが消えたかのように、「やっぱ男やったら百七十センチはほしいよなぁ」などと話し始めます。それまでぼくを交えて一緒に話をしていたのに。そして、身長の話題がひとしきり終わると、またぼくの存在を認知するようです。

彼らに悪意はないのです。むしろ、身長の話はさっと終わらせていて、マイルに配慮している俺ら優しいくらいに思っているかもしれません。あるいは、全くの無意識かもしれません。こうした、悪意のない小さな、しかしそれだけに日常的にいろんな人によってなされる差別を、マイクロアグレッションといいます。

友達に対して、侮蔑的なことを言ったりはしないけど(そうしたらさすがに友達関係が終わってしまいます)、マイクロアグレッションとされるようなことは「気にするほうがおかしい」。競争的なコミュニケーションでは、それが「普通」になってしまっているのだと思います。

一方、当事者研究の仲間などとは、ケアの関係が築けつつあります。女性の友人に対してやらかしてしまった、加害してしまったなども、非モテ研をはじめ当事者研究の仲間に話して、「うーん、またやってしもたなぁ……」と後悔し反省しながら、研究しています。

研究の結果、同じ加害は繰り返さないですむようになっています。でも、新たに別の種類の加害をしてしまうことがあり、そのときは研究会をして再発防止に努めています。恋愛に限らず、仕事でやらかしたなどいろんなことを話し、本を紹介しあって勉強会をしたりしています。ときには、自分よりも大変な状況にある人にケアを多めにすることもあります。その分、自分よりも安定している人に多めに頼ったりします。西井開さんにも、うざがられないように程度を見はからいながら、多めに頼っています。

## おわりに

さて、ここまでの文章を読まれたみなさんは、「これが非モテといったいなんの関係があるんやろ」と思われたことでしょう。でも、実は非モテ研では、恋愛の話ばかりされているわけではないのです。むしろ、恋愛とはいったん関係のないことがよく話されます。参加メンバーみんな、生きづらさが複雑に絡み合っていますが、それを「モテないせいだ」と勘違いしやすいのだと思います。生きづらさの要因の勘違い、単純化は非モテに限らず、ほかの属性でもよくあるのだろうと、吃音の自助グループに通い、吃音の友人が多くいる経験から思います。吃音のせいで生きづらいと思っていたことが、解像度を上げると実は吃音以外のところからもきていた、吃音のせいにして本来の課題と向き合えていなかったと、自分の経験を振り返って思う部分もあります。同じく、なんでも非モテに関連づけた物語を描いていた時期もありました。「Twitter」でも、なんでもモテ／非モテに寄せて語るアカウントがあり、フォロワーが万人単位でいたりと人気があります。そういうのを見ると、「それはモテの話ではなくて人権（をはじめとするほかのこと）の話やろ」などと言いたくなることがしばしばです。

自助グループは本来そういうものなのかもしれませんが、非モテ研は、自分がどれだけ非モテのせいにしていたかに気づいていく、つまり、非モテを軸になんでも物語っていたのを、さらに解像度を上げて非モテ以外の生きづらさの要因も発見していく研究会なのではないかと思います。その意味で非モテ研は、非モテ以外の研究会でもあるのです。だから、人をバカにしていたといった、一見非モテとは関係ない話がたくさんされているのだと思います。

最後に、本稿を書くきっかけになった第三十六回の非モテ研「孤立の研究」の文字起こしを少し引用します。

足達龍彦　大学でバカにしない人、尊敬できる人はいたんですか？
マイル　まあでも、ちゃんと勉強しようとしてる人はわりと尊敬してたと思います。でもぼく大学の勉強もついていけてなくて、あの、あれですね、全然自分に取りえなしって感じでしたね。
西井開　でもバカにしてたんですね？
マイル　そうですね、バカにするしかなかったですね。
もる太　わかるー。

歌男　わかるー！

こんなふうに、恋愛と関係ない話でも、みんな共感してくれます（笑）。非モテという当事者性を共通項に集まっているのに、その当事者性とはまた別の点で共感できる。それが自助グループのよさであり、広がりの可能性があるところなのかなと思います。

注

（1）本稿のタイトルはいわゆる「自己病名」である。自己病名とは、北海道浦河の「べてるの家」に始まる当事者研究でよく用いられる、自ら病名をつけるという試みである。病名は通常医師がつけるものだが、自分のことを研究するに際しては、他人につけられた病名ではなく、自分で納得してつけた病名に基づいて研究したほうが楽しいやんということである。

（2）発話障害の一つ。「どもり」とも呼ばれる。

（3）ネットスラング。学歴に異様にこだわる人のこと。

（4）「リアルが充実している」の略。ネットスラング由来の若者言葉。狭義では恋人がいる人のことを指すが、「楽しく充実した日々を送っている人」のように広く使うことも多い。本稿でもその意味。

（5）クラス内の地位序列を、インドのカースト制度になぞらえた言い方。

（6）新入生歓迎コンパの略称。大学のサークルや部活がメンバー獲得のために主催する。

（7）トイレの個室でご飯を食べること。

（8）家庭などでは問題なく話せるが、学校や職場など特定の場面で話せなくなる不安症状。入江紗代

『かんもくの声』(学苑社、二〇二〇年) などを参照してほしい。
(9) 日本の就活で、一日から一週間くらいの日数で「職業体験」と称してなされるもの。「採用活動ではない」ということになっているが、実際は……。
(10)「自立とは依存先を増やすこと」。熊谷晋一郎さん(東京大学先端科学技術研究センター)がよく言っている。

# 2 聞き届けられる場

西井開

## 1 意味の拘束

数年前、ある哲学カフェ(1)に参加したときのことだった。広い会場に五十人くらいの参加者。大きな黒板に参加者の発言がどんどんと書き込まれていく。

一時間が過ぎようというころ、ファシリテーターが「せっかくみなさんに来てもらったので、今日の哲学カフェを通して何かお土産を持って帰ってもらいたいと思います」と発言した。その瞬間、それまでなにげなく参加していたのに急にこの場に〈意味〉を見いださなくてはならないという焦りが生まれ、窮屈になった気がした。

例えば自助グループやフリースクールなどの、「居場所」と呼ばれる場所でさえ、気づきや学び、回復の兆しなど参加者に「何か」を与えなければならないという思い込みを主催者にもたらし、また参加者にも「何か」を得なければならないという強迫観念を植え付ける可能性がある。私たちの存在や語りが〈意味〉に拘束される危険性が場には潜んでいて、自分の存在や語りに〈意味〉を見いだせなかったとき、参加者にとってその場は息苦しいものになる。

〈意味〉が支配する場では、何かの役に立っていると見なされる語りが常に優遇され、〈意味〉がないと判断された語りは捨象される。他者に、そして自分に否定されることが怖くて、私たちは自分の振る舞いや語りを価値あるものに仕立てようと躍起になってしまう。

〈意味の拘束〉は企業文化のなかでより顕在化する。より生産性が高く、効率性を向上させるものだけが重要であり、それ以外のものは無用と判断する文化は、現代を生きる私たちの意識を深く貫いている。そして企業文化は語りにさえ影響を及ぼす。

男性相談事業に長く取り組んできた「『男』悩みのホットライン」の濱田智崇は、活動の歴史をまとめた『男性は何をどう悩むのか』のなかで、男性が悩みを相談する際には、自分の感情を共有することよりも「事実や情報を客観的に正確に伝える」レポートトークになる傾向にあると指摘している。(2)

書店のビジネス書の棚を見れば、できるだけ要点を絞って素早く話すことを促す本や、仕事相手と円滑な関係を築くための雑談を指南する本などがずらりと並んでいる。こうした画一的で効率性に特化した会話術に縛られたとき、そこには弊害が生まれる。同書で濱田はこう続ける。

近年の情報化社会の進展によって、（略）情報を取捨選択し、効率的にこなさなければ、変化の速い社会に適応できなくなっています。人と人とのやりとりにおいても即効性が重視され、そこに感情的なものを持ち込むことは「邪魔」になります。こうした今の日本社会においては、すべて自分の望むようにコントロールできるのが「優秀な男」であり、それを目指して努力を怠らないのが「一人前の男」とされている節があるように見えます(3)。

もしも男性たちが自身を完全にコントロールしなければならないという強迫観念に駆られ、効率的なレポートトークに染まってしまえば、感情の揺れやためらい、悩み、迷いといった不安定な内面性は封じ込められることになる。自分の感情も含めて体験を言葉にすることで自己理解を深めたり、誰かと深い関わりを築いたりすることからも結果的に遠のいてしまう。

## 2 〈意味〉を緩める三つの要素

「一人前の男」でないという理由で否定的なまなざしが向けられる文化に対し、「ぼくらの非モテ研究会」（非モテ研）はどのような環境にあるのか。ある参加者が次のような感想を語ってくれたことがあった。

「一人で部屋で考えるよりかは、何かここで考えて話したほうが安心感があった。人に聞かれて恥ずかしいというのはあるんですけど、こうやってみなさん集まってきて、こういう会だからさらけ出せるかなって」

多くの人々の一般的な感覚では、自分のプライベートな体験を振り返るのならば、他者から見られていないほうが不安は少ないはずだ。しかし彼はほかのメンバーに聞かれながら話すほうが安心感があったという。語ることの安心感を彼に与えた要素はなんだったのか。

おそらく、まず参加者たちの「同質性」が影響を与えているのかもしれない。性自認が男性寄りということもあるが、「非モテ」という言葉は漠然とした生きづらさを持つ男性たちに輪郭を与え、苦悩や失敗も含め、ある程度似たような経験をしている者同士の集団を形成した。その同質性は「わかる」という言葉や共感的な笑いによって示されている。

マイル　僕は高校を卒業して一年間浪人みたいなことをして十九歳のときに大学に入るんですけど、中学・高校が男子校だったんですけど、大学生になったときには恋する準備はできているみたいな。

西井　わかる！

足達　めっちゃわかります（笑）。

ハーシー　めっちゃわかる。

また、非モテ研には、「一人前の男」であることを達成・表出すること自体をそもそも求められていないという前提がある。「非モテ」という弱さをテーマにしたグループであるため、参加者たちは自身の苦悩や失敗を語り、聞くことを期待して参加している。また、グループで語り合う際に解決や回復といった特定のゴールも設定しておらず、既存の〈意味〉に対する「相対化」を含んでいることが肝要である。

しかしたとえ「相対化」をしたところで、例えば被害経験の差異によって競い合う可能性がある。そこで重要になるのが参加者同士の「共同性」だ。非モテ研の参加者たちにとってほかの参加者は基本的に比較しあう存在ではなく、互いの経験を語り合いながら「非モテ」という問題を解明する共同研究者である。

また参加者がグループの「客」のように扱われないところも大きい。非モテ研の参加費は場所代の百円である。これがもしも千円だったら、参加者に元を取らなければという意識が生まれるだろう。しかも、ときに参加者は会場の設営や撤収も手伝わされるのだ。もはや「客」ではいられず、共同で場を作る意識が生まれてくる。

## 3　聞き届けられるということ

以上、非モテ研の特徴として「同質性」「相対化」「共同性」という三つの要素を取り上げたが、これらの前提として「語りを聞き届けられる」という場の性質がある。

非モテ研には、誰も話をさえぎったり意見を挟んだりしない会話形式が備わっている。それは最初から最後まで聞き届けられたという感覚を話し手にもたらす力を持っている。ほかの参加者から関心を持って質問されるという文化もその感覚を醸成する。それはとても単純なことではあるのだけれど、少なからず〈意味の拘束〉を緩め、もしかしたら語りを否定されるのではないかという不安や恐れを和らげる。

そのためか、表出される男性たちの語りは明確な方向性を持たず、理路整然とした物語にならなくなる。あちこちに話が飛び、行きつ戻りつしながらうねうねと蛇行し、ときに何を話しているのかよくわからないことさえある。

語られる内容は既存の規範から完全に解放されているわけではない。モテたいという欲望はずっとあるし、理想的な自分になれなくて焦る感情もある。「あるべき男性像」と自身とのずれや不安、被害経験、ダークサイドなどが、あてもなくさまようように、多声的に語られる。

こうした要領を得ない〈うねうね語り〉はほかのメンバーの記憶を刺激する。聞き手は他者の経験や感情を、表面的に理解するのではなく実感を伴って受け取るのである。そして自身のなかにある似たようなエピソードを想起し、それを語ることでまた新たな相互作用が生まれる。彷徨する語りは他者を迷宮に連れ込んでいく。

私たちは聞き届けられる空間のなかでようやくさまよい始め、自分のこれまでを探索したり、他者の語りを聞いて得た気づきを拾い集めたりしながら、なんとか自身の経験を整理し、紡いでいく。非モテ研はグループの力によって成り立つ、適度に安心して悩むことができる場なのである。

注

（1）街中のカフェなど誰もが自由に出入りできる場所で、参加者同士で特定のテーマについて話し合う営み。

（2）濱田智崇／『男』悩みのホットライン編『男性は何をどう悩むのか――男性専用相談窓口から見る心理と支援』ミネルヴァ書房、二〇一八年

（3）同書八八ページ

## 3 共同研究

# 解釈押し売りの研究
## ――非モテ研の課題について

明日葉／西井 開

前項で「ぼくらの非モテ研究会」（非モテ研）が〈意味〉を緩めながらうねうねと悩むことができる場であるということを述べた。しかし、非モテ研は常に安心感があふれるユートピアではない。権力勾配や優越志向も生じるし、メンバー間のトラブルも起きる。ここでは、非モテ研で起きた一つの事件とその修復の過程を提示しながら、非モテ研が持つ課題について考えたい。

以下では、事件の当事者であるメンバーの明日葉と主宰者である西井開の両者の視点を行き来しながら時系列的に事件を読み解いていく。

## 1 ある事件に関する二つの視点

### 明日葉、非モテ研初参加

明日葉

初めて非モテ研に参加した。当事者研究には何度か参加したことがあったからなんとなく勝手は知っていたけれど、やっぱりいいものだと思った。自分の語りがバカにされずに受け止められる。それがどれほど重要か！　大学でうまく生きられないという話もあって少し泣きそうになった。

### あるイベントで

西井

語り合いに重きを置いたグループの運営に関心を持っていた私は、当事者研究について考える中規模のイベントに、非モテ研の主宰者として登壇した。イベントには明日葉さんを含む何人かの非モテ研メンバーが参加していた。

そのなかで当事者研究でよく起こることについて話題になった。その際私は、参加者の語りがときに露悪的になってしまうことにふれ、露悪的な語りにとどまってしまうとそこから発展していかないこと、そしてときに露悪的な語りがほかのメンバーに伝播してしまう問題性についてふれた。私は非モテ研を含め自分が参加しているいくつかの語り合いグループでの経験を念頭にこうした解釈めいた発言をしたが、それは明日葉さんがある日の研究会で話した自省的な語りも意識したものだった。

公のイベントのなかで、ほかのメンバーの語り方を、しかも解釈的に語ることについて、私は話しながら次第にざわざわした気持ちが湧いてきていた。何かよくないことをしているという予感はあったが、イベントの進行を意識してその不確かなざわざわを脇へと押しやっていた。

そのしばらくあと、明日葉さんが会場から足早に出ていくのが目に入った。私はやってしまった、と思った。彼は私のその上から目線の振る舞いに気づいたのだ。スマートフォンには、非モテ研の「LINE」グループから明日葉さんが抜けたという通知が表示されていた。

私は、勝手に明日葉さんの語りをもとに公で語ったこと、しかもそれが自分の解釈だけに基づいて話したことを謝罪し、また非モテ研にも気が向いたら来てくださいという内容のメールを送った。

明日葉

「露悪的なことをしゃべっててもその人自身に動きがあるわけではなく、応答に向かうわけでもなく、周りの人間がその語りにあてられてしまうことも起こるんです」

私は西井さんのこの言葉に混乱して、会場を出てしまった。やってしまった。どうしてこんなに心がぐちゃぐちゃになってしまうのだろう。私の語りが勝手にそこで使われたから?

電車に乗って、なんとか家に帰れた。でもダメだ、体が動かない。居場所につながる前のような、ひどい生活に戻ってしまうのか……。ほとんど食べることができずに、少しずつ餓死に近づいていくような……。

メールが届いている。西井さんからだ。……なんか、どうなんだろう。ああ、もう考えたくない。「LINE」もブロックしてしまった。

数日、なんとか体を回復させた。考えられそうだ。そう、あれは「私のこと」を発表したわけじゃない。でも、それなのにこんなにも心が混乱している。それは事実だ。どうしようもなく混乱している。私はいったい何をそんなに苦しんでいるのだろう。だって頭では誰も悪くないってわかってるじゃないか。

メールをもう一度読み直す。どうしよう。彼が誰かを傷つけて喜ぶような人間でないことはわかっている。痛いほどわかっている。きっとこちらの言い分をじっと聞いてくれるだろう。それは少なくない時間を過ごしたことからもわかる。そういう意味では信頼している。でも、最後の最後で踏ん切りがつかない。壊れた残骸を見たくない。関係を修復するビジョンが浮かばない。どうしたらいいのだろう。

一カ月、このことでずっと考えていた。幸い、少し前からかかっているカウンセラーにも相談できた。思っていることをそのまま吐き出して、少しずつ感情が整理されていく。

私があそこまで自分を語れた場所はほかにはない。だからもう一度あそこに行きたい。また語り合いたい。そのために、彼に会いにいく必要がある。意を決して、彼に連絡を入れた。

## カフェでの対話

明日葉

西井さんに会う当日。久々の遠出だ。そうだ、こうやって非モテ研に通っていたのだった。結構な距離なので足や腰が疲れる。目的の駅。ビジネス街で少し尻込みする。みんなが立派に見える。カフェはビルの一階だ。大手の会社名が入っている。この場に私はふさわしいのだろうか。時間前なので彼はまだ来ていない。久々の遠出だったので、だいぶ時間に余裕を持ってきたのだ。時間つぶしにコーヒーを注文する。緊張でいつものようには味わえない。苦いことくらいしかわからない。

彼がやってくる。いったい、今日という日はどうなってしまうのだろう。一気に不安が強まる。

しかし、意外なほど簡単に以前の感覚に戻る。西井さんのほうから謝罪があり、二人で少し笑い合った。なぜそんなに簡単に笑い合えたのかはよくわからない。あの場で何が起こったのか、語りは本当に無価値なものだったのか、など様々なことを話し合った。さらには、あまり関係がないことも話し合った記憶もある。帰路、会話の充実感をかみしめながら電車に乗っていた。よく行った、と久々に自分を褒めてやった。

しかし、問題が解決したわけではなかった。根が深そうな問題でもあるのかもしれない、とも感じていた。

西井

私は自身の思慮の浅さを反省し、彼が非モテ研にまた来てくれればと願っていた。しかし、結果的に明日葉さんを抑圧してしまった私のほうから彼との関係の修復に向けて動くことはできないし、してはいけないとも思っていた。明日葉さんから「あのイベントでの件について話したい」という連絡がきて、少し安心したような気持ちと緊張が湧いたのを覚えている。

待ち合わせ場所のカフェで彼が非常に緊迫した面持ちで待っていた。私は改めて、彼の語りを勝手に意味づけし、公的な空間で紹介したことを謝った。そしてお互いにあの事件の際、どのようなことを感じていたのか、そしてその後の一カ月をどう過ごしていたのかを振り返った。彼は私の発言によって、「自分が懸命にやってきたことを無化されたような気がした」と話していた。私は自分がしでかしたことの大きさを再認識した。

二人の緊張感がほどけていくような感じがした。私は彼がこの場に来てくれたことを、とてもありがたく思った。ただ、今回の事件には私の非モテ研での影響力や、その背景にある権力性の問題が関わっていて、その対応について考える必要があるとひしひしと感じていた。

## 2 解釈押し売りの研究

以上の経緯を経て、非モテ研では「西井が持つ権力性」について何度か話し合いをもつことになった。この事件のことも繰り返し検討し、西井によって自身の語り方を勝手に解釈されたことに加え、それを押し付けられたことに明日葉が怒りや深い悲しみを抱いたことがわかってきた。以下では、明日葉と西井で進めた「解釈押し売りの研究」を紹介したい。

「解釈押し売り」とは、他者の経験や語りについて客観的にまなざし、一方的に解釈を与えて押し付ける振る舞いを指す。個人の行動や経験を解釈して提示すること自体は、言葉にならなかったものが明確になることで一層深まりを見せることがあるという点で、個人に有用にはたらくこともある。しかし、それが一つの参考意見として「提示」されるのではなく「押し売り」された場合、事態は変わる。今回の事件で、明日葉の語りに対して「露悪的」「何も変化しない」と西井が明日葉と共有しない段階で一方的に言い放ったように、「解釈押し売り」は相手に応答の機会を与えず一方的になされるところに問題がある。

さらにグループ内で権力を持つ者から解釈が発された場合、問題性が高くなる。例えば西井のようなグループの主宰者や古参メンバーによる解釈は、グループ内で発言力が強い、経験値が高いなどの点で、一般参加者としての解釈よりも力を持ち、解釈された側に大きいインパクトを与える。解釈された側がもしも「その解釈は私にとっては違うようだ」と思っても、「彼らに嫌われたら自分が会から外されるかも」「彼らのほうが正しい知識を持っていて、自分の発言は間違っているかもしれない」という潜在的な恐怖によって、解釈に対して異議を申し立てたり、更新したりすることが難しくなる。また当事者がグループを自身のよすがにしている場合、押し売りをされて傷ついても簡単に逃れられない構造がある。いわば場を人質にとられていて、さらなる隘路に追い込まれていくことになる。

## 3 非モテ研の課題

ここまで、非モテ研で起きた事件をもとに、権力性に基づくグループの問題性について論じてきた。当然ながら西井は再発防止をしていく必要があるが、非モテ研全体の課題もある。権力勾配が最初から発生しないように厳格にデザインされたグループも存在するが、ある程度遊びを残した非モテ研では、主宰をしている、古くから参加している、知的水準が高い、などを背景として権力性がどうしようもなく生まれてしまう。その結果として、「解釈押し売り」のような、権力を持つ者がほかのメンバーをコントロールするリスクを完全に避けることは難しい。

だとすれば、権力性があることを踏まえた場づくりが必要になる。グループのリーダーなどが自身の権力性に自覚的になるのはもちろんのこと、メンバーそれぞれが場を問うことができる環境にあること、メンバーが一つのグループにとどまらず漂流できること、ほかのグループとネットワークを持って相互にチェックしあうような仕組みを持つこと、などが考えられるだろう。

さらに、非モテ研の課題は権力性の問題だけにとどまらない。非モテ研はジェンダーにはある程度センシティブだが、それ以外の当事者性、例えば民族性や障害の有無について十分に意識しきれていない。参加者の語りが無意識に在日外国人への差別的言動につながっている危険性や、非モテ研という場自体が視覚障害者や聴覚障害者を含む身体障害者を物理的に排除している可能性もある。また、非モテ研は当事者研究を活動の主軸にしているが、それに乗りきれない当事者も当然いるだろう。

　こうした課題は完全に解決することは難しいかもしれないが、それでも考え続ける姿勢は失いたくない。非モテ研は当事者研究を通して各メンバーが語りや気づきを更新していく場だが、同時に場そのものも常に更新していく必要があるだろう。

# 座談会
# 非モテ研とはどういう場か

明日葉／足達龍彦／歌男／たぬき／西井 開／ハーシー／マイル／ムロ／リュウ

聞き手：山本和則［カフェフィロ］

### ▼非モテ研に来たきっかけ

**山本和則**　山本と言います。普段はカフェフィロという団体で哲学カフェを主宰しています。今日は非モテ研についてみなさんにいろいろおうかがいできればなと思っています。よろしくお願いします。まず、みなさんが参加されたきっかけから教えてください。

**マイル**　僕の場合は、知り合いが「Twitter」で非モテ研のことをリツイートしたんですよ。こういっちゃなんですけど、結構ふざけた名前じゃないですか、「ぼくらの非モテ研究会」って。

**西井開**　フフッ（笑）。

**マイル**　面白そうやなと思って試しに行ってみるかと。全然期待せずに行ったら、意外とよかったんですよ。

**明日葉**　僕はほかの当事者研究会に西井さんがファシリテーターで来ていて、それで知りました。

僕の場合「非モテ」という言葉でひっかかったんじゃなかったんです。引きこもりとかほかの生きづらさ界隈でつながってて。

たぬき　僕は一年前から参加していますが、ちょうどそのころ身辺でいろいろなことがありまして。それもあって、いよいよ自分のつらさとかをなんとかしないとまずいぞ、と思って。で、まずは当事者研究からやろうと思って、ほかの団体の会に参加しました。そしたらそこで非モテ研のチラシを見つけたんです。「非モテ研究会」とバーンと書いてあった。これはもう絶対行ってみようと。「非モテ」なんてテーマでやってる団体見たことなかったし。

歌男　僕は休学していたとき、周りとのつながりが切れて。ネット＝社会みたいになっていった。そのなかで「非モテ」に関する言説が僕にダイレクトに刺さってきた。それはすごくしんどかった。なので、僕が非モテ研に参加したのは、とにかくなんでもいいからしゃべりたかった。つらい気持ちをどこかで吐き出したかった。それが大きかったですね。

山本　「非モテ」という言葉にすごくひっかかってきた人と、そうでもない人がいるのかな。ほかの方はどうでしょう？

ハーシー　僕はすごく「非モテ」という言葉にひっかかって。「Twitter」で「非モテ」と検索して非モテ研が出てきたので知りました。僕は恋愛が人生でいちばん重要だと思ってたんですね。そういう話ができる場というのがすごく貴重だし、そこに参加してみたいなと思って。非モテとか恋愛とかって検索しても出てくるのは恋愛塾とかナンパ塾とか、儲けるために作られたものばっかりだったんですけど、非モテ研だけは異質な感じがあって。いいなあ、と思って参加しました。

リュウ　僕の場合は、なんらかの生きづらさを持つ当事者が集まる「生きづらさからの当事者研究会」（づら研）という別のグループに行っていたんです。でも恋愛ができないという悩みを話せる機会が少なかった。非モテ研は、ここは大丈夫だなと思って。づら研ともコラボしたこともあるし。知っている人が関わっているので、引き寄せられたという感じがありますかね。ひょっこり、機が熟したというか。

ムロ　僕は当時病んでたんですよね、失業してて。それで誰かに会いたくて（笑）。

一同　アハハハハ（笑）。

ムロ　そのときは「非モテ」って聞いて、俺は非モテじゃないから違うんじゃね？みたいに思っていた（笑）。もっと若い人の問題だと思ってて。いま四十代なんですが、それくらいの年齢だと非モテじゃなくない？みたいな。年齢で勝手に足切りしてたんですけど、僕に近い年齢の方も非モテ研に参加していて。あ、全然俺いていいじゃん、みたいになっていった。あとはほかの「非モテ」の人の話を聞くことで「あ、俺非モテだったよね」みたいに気づいた（笑）。

一同　ハハハハハ（笑）。

ムロ　己の非モテさを取り戻していく、みたいな感覚がありまして。

足達龍彦　僕の場合は確か「Facebook」で見たんです。そのころ若者の就労支援の仕事をしていたのですが、あんまり好きじゃなくて。すごくうつうつとした気分のときに「非モテ」っていうのがパッと飛び込んできて。なんでもよかったんだと思うんですけど（笑）。いまの職場と違うことをやっている活動を知りたいという気持ちで来た感じですね。「非モテ」自体は長いことこじらせた時期がありましたし。ちょっとずつ楽になってきたタイミングで行った印象ですかね。

西井　初めて参加したときのことも聞きたくて。ハーシーさんが初めて来たとき、会場に入る前にトイレにこもっていたって言ってましたよね。なんでやったんかなあと。

ハーシー　下痢ですね（笑）。

一同　アハハハハ（爆笑）。

ハーシー　いや、うそです（笑）。

西井　うそかい（笑）。

ハーシー　なんか、緊張してたんですよね。期待が大きくて早く着いたんですよ。会場の周りの土地勘もなかったし、トイレで期待しながら、どんな会なんだろう、どんな人がやってるんだろう、とかいろいろ考えてました。

マイル　僕も最初めちゃくちゃ緊張してましたよ。ずっと背筋伸ばしてた（笑）。どんなものかな、と単にビビってたんですけど。結構真面目だと思ってびっくりした。

山本　ほかのグループから非モテ研につながったという人も結構いて面白いなと思いながら聞いていたんですが、ほかの団体にも参加している人が多いんですか？

ハーシー　僕は、発達障害のグループに一回か二回行きましたね。

足達　自分お助け研究会（たす研）というグループを非モテ研に来てから新しく作った人もいますしね。

西井　いま、たぬきさんと明日葉さんで活動されてますね。

**明日葉**　あれは、歌男さんが当事者研究をするシェアハウスを作りたい、ということで始めたんです。僕は引きこもりで職もないので暇で。暇って結構しんどくて、何かできることに飢えてたんです。居場所をちょっとやってみたいなと。それで歌男さんと話をして、たす研が始まっていった。

**山本**　みなさん結構いろんな居場所に行ったり、作ったりしてるんですね。非モテ研だけだと物足りないというのがあるんですかね。

**マイル**　いざとなったら非モテ研に行かなくなっても居場所があるぞ、っていうのが大事。西井さんとけんかしても大丈夫、みたいな。

**西井**　それは大事。

**マイル**　西井さんとけんかすることはよくあるから（笑）。

**たぬき**　僕の場合は、最初は非モテの思いをどうにかしなきゃっていう悲壮感もありましたし、もうどうにでもなれ、みたいな捨て鉢な感じもありました。そこから非モテの底にある生きづらさにフォーカスしていったところ、アダルトチルドレンや引きこもりなど、様々な形で出てきたので、そういう問題に特化した別のグループに行くようになりました。

**リュウさん**　一つの居場所だけですべての生きづらさが解決されるわけではないですからね。

**▼メンバーの関係性**

**たぬき**　あとはまあ、非モテ仲間とでも言いましょうか。そういう人がいるという安心感ですね。それもあって、来たいと思うようになりました。

**足達**　仲間がいる安心感ですね。西井さんはこういうコミュニティになっていくことは織り込みずみだったんですか？

**西井**　いや、あんまり考えてなかったです。どういう感じになっていくかわからなかった。いっぱい人が来るってことも想像していなかったし。でも結果的に緩いつながりが生まれ、一つのコミュニティができましたね。たぶん、みんなでご飯を食べにいってるのが大きいのかな。

**マイル**　研究会が終わってから食べにいくうどん屋ですね。

**ハーシー**　そこで研究会に関係がない話をしたり、ある話をしたり。登山に行こうという話もそこで生まれてますからね。

**西井**　そうですね。ご飯を食べてるときにあるメンバーが「研究会でこのテーマしたい」って言ったら、その人と連絡先を交換してやりとりをするようになって。それでコミュニティができあがっていったという感じです。なかには研究会よりもご飯を食べるほうが楽しいから、そっちがメインになってる人も。ハーシーさんそうよね？（笑）

**ハーシー**　確かに（笑）。

**西井**　ハーシーさんはなんでそんな食事が楽しいの？

**ハーシー**　うどんがおいしい。

**一同**　アハハハハ（笑）。

**ハーシー**　嘘です（笑）。うどんはおいしいけど。研究会だと言っていいこととダメなことが暗黙のうちにある気がしてて。うどん屋のほうが、本音で話せる気もします。

たぬき　研究会では自分の話を一通りしたあとほかの人からコメントをもらうので、コミュニケーションの即時性が低いんですよね。しゃべったことへの反応が遅い気がして。ご飯を食べるときだと、それがすぐに返ってきますね。

西井　コミュニケーションの構造が全然違うもんね。

山本　いま、コミュニティの話も出てきたんですけど、非モテ研以外のプライベートで遊びに行ったりはしますか？

マイル　僕正直いって、プライベートでは会おうと思わないですよ（笑）。わざわざ一緒にボウリングしたいとはならない。

明日葉　あれ。なんか、僕ちょっと仲良くなれたかなと思ってたんですけど（笑）。

一同　ハハハハハ！（笑）

山本　でもハイキングとかは行かれてるんですよね。

マイル　いやー、あれは企画でしょ。

ハーシー　パフェパフェ。パフェを食べにいった。

西井　僕が恋人にふられたので慰めてほしい、と言ったら、マイルさんとハーシーさんと温泉に行こうとなって、そのあとパフェを食べにいったんです。それはプライベートではあるんだけど、非モテ研で生まれて派生したもの、と言えるかもしれませんね。

足達　僕ら良くも悪くも適度な距離があるのかもしれないですね。

マイル　確かに。ある程度距離がある。僕は非モテ研メンバーに対しては尊敬心みたいのがあるんですが、友達であるとは思ってるけど、同時に尊敬しているからこその距離感がある。

**歌男**　僕はほかのメンバーとちょいちょいプライベートでも会うことがあって。でも「非モテ研だから」っていうのを強調することはないのかなあ、と。

**リュウ**　なんか、非モテ研の関係性も少し変わってきたなと思っていて。最初は「ぼくらの」とか「仲間」とかを強調していて、最初は西井さんって寂しがり屋なのかなと思っていました。

**一同**　ハハハハハ！（笑）

**リュウ**　一体感を求めてるのかなあ、って。友達って「友達でしょ」って確認することはあんまりないですよね。「仲間だよね」とか。だから、あえて言うところにちょっと不安も感じて。僕はべとっとしたくないというか、一線は引いておきたい。超えちゃうとやばいことになりそうだな、という身体感覚がある。

**西井**　面白い。

**足達**　確かに西井さんは仲間とかを強調してるなあと感じますね。「今日は仲間とこんなことをしました」みたいな。

**マイル**　あったあった。

**西井**　そんなん思ってたん？（笑）

**山本**　なるほど。関係性がよくわかりました（笑）。

**たぬき**　僕は友達意識っていうのはありますね。いままで築けなかった関係を築けたというか。歌男さんの送別会なんか特にそれを感じました。

西井　歌男さんが関西を離れることになって、送別会をやったんですよね。
マイル　あれ、よかったよね。
明日葉　僕、非モテ研に来る前まですごい友達が少なかったんで。非モテ研に来るようになってからコミュニケーションが活発になって。極め付きに歌男さんの送別会。最近夜に非モテ研のメンバーでオンラインで話す会をしようって僕からときどき提案していますが、昔はあんなこと絶対言えなかった。僕が変わった、というよりは非モテ研がいろんなことを言いやすい感じがしてて。そういう意味で近しいというか、親しい感覚があって。
山本　友達だという一方で、しっかり線を引きたい人もいる。それはそれで新しい関係ができているのかなあ、と感じますね。
明日葉　線を引くっていうこともよくわかって。あんまりべたべたしてないというか。
リュウ　すごく人を感じるというか。危うさもあるんだけど、すごい親しみというか優しさを感じる。
明日葉　体温を感じますよね。
リュウ　体温、そうですね。いいですね。
ハーシー　僕はもっと非モテ研のメンバーとプライベートで会いたいですけどね。
明日葉　いいですねえ。
ハーシー　やっぱり非モテ研のメンバーの前だと違いますよ。普通の友達にはちょっと背伸びしなきゃいけない感じがする。非モテ研だったら、研究会で弱い部分を全部出してるから、しゃべりやすいしいいですね。

明日葉　高校や大学のときの「友達」感じゃないですね。明らかに僕こっちのほうが居心地いいです。

### ▼非モテ研重い軽い

山本　次は、非モテ研のどういうところに引かれているのか教えてください。楽しいですか?、非モテ研（笑）。

ムロ　楽しい会かって言われると、実は結構ストイックな気分で参加しているときもあって。結構つらい話をすることになったり、あまりにも恥ずかしい話とかもあるから。筋トレするイメージで来てるときもある。己に向き合わなきゃ、というか。でも一方で軽く入れることができる。ポップに語りやすいんですね。なんというか、そういう重軽いのがいいところかもしれない。

歌男　そのとおりだと思います。非モテ研は笑いがよく起こるけど気持ちは真剣ですよね。非モテ研に来続けてる理由の一つが楽しいから、というのがあるんです。何が楽しいのかというと、ダークなもの、ドロドロ、ネガティブに考えていたものが、非モテ用語辞典のように、概念を作ることで新しい価値というか面白いものに変わっていく。新たに発見する。それが非モテ研の楽しさやなあと思います。

明日葉　僕、初期のころはストイックな感じでしたね。

西井　うん、そうやった。

**明日葉**　めっちゃ文献読み込んで、自問自答を書き殴って、みたいな。追い詰められてたっていうのがありますけど。最近は居場所感が強くなってきたのかなあ。

**マイル**　最近オンラインでよく集まるので、僕も居場所感を感じます。新型コロナのおかげで(笑)。

**足達**　僕も力を抜けるというのが魅力だと思いますね。

**たぬき**　僕は扱うテーマによって、力が入るときと楽なときが分かれますね。「#MeToo 取り乱し男子会」と「からかい・いじり」をテーマにしたときとか。僕にも後ろ暗いところがあったので。

**ハーシー**　よく参加できましたね。

**たぬき**　そこで話さないと、自分のなかにたまってつらいぞ、というのがあって。

**足達**　僕あんまりテーマで決めることはなくて。自分のバイオリズムで決めています。いま行きたいタイミングだから行く、みたいな。

**ムロ**　予定が合えば原則参加しようとは思っていて。僕にとっては自分がひっかかっているコアな話ができたら成功、みたいな気はしてますね。それは知り合いが増えたことで、言いやすくなった気はします。全く知らない人ばっかりだときついかもしれない。安心感がないと言えないこともある。この人たちならわかってくれる、みたいな。

**西井**　その点、新規参加者とリピーターの割合は大事かもしれない。この前、ムロさんが来てくれた「性的妄想」をテーマにした研究会は、リピーターが少なくて少し緊張しましたね。ムロさんが自分の性的妄想の話をしてくれたんやけど、笑ってるのが俺だけ、みたいな雰囲気で。

ムロ　確かに緊張した（笑）。
歌男　たぶん慣れてないと、ほかの人の話を笑っていいのかがわからないのかもしれないですね。
ムロ　わかるわかる。ただ「笑っていい」ともはっきり言いにくいし……。笑ってほしくないときもあるような気がするからさ。難しいよね。
マイル　僕の場合、みんなが笑ってくれると思えるから話せる、ということもあるし。
山本　なぜか笑いが起こるという雰囲気は、どこからきてるんでしょう。
ハーシー　笑い、毎回起こってますね。
ムロ　一笑いもなかった回はないよね。
マイル　そうじゃないと参加してませんよ（笑）。
明日葉　あんまりよくないことかもしれないですけど、いちばんしんどいときに笑ってハイになるという効果はありますね。非モテ研ってよく笑うのでそれにつられていつの間にか僕も笑ってて。それでハイになって帰る。なので、あとでちょっと落ち込むんですけど（笑）。
ムロ　アッパー系なんだね（笑）。
西井　ハハハハハ（笑）。アッパー系グループ。
リュウ　僕は笑いの比率がいいと思っていて。笑いは多いですけど真面目なところもあって。まさに重軽い。そこがいいのかなあ。表現が難しいんですけど、非モテ研は風通しがいいような気がするんですよね。さっぱりしているというか。夏空みたいな。ここは空が見えるなあ、心地がいいなあ、と。うん、ここでやめときます。いいとこで終わりましょう。

一同　ハハハハハ（笑）。
ムロ　僕が思うに、会の運営が結構クリア。原則が配られてて、申し込みもシステマチックで。常連でも定員いっぱいになっていたら行けないというのも、わかりやすく、オープンなシステムだから閉鎖的なイメージはないね。西井さんのふりもあっさりしてて。この前妄想の回だったとき、「じゃあみなさん、性的な妄想をワークシートに書いてくださいね」だけしか案内しない。あれ、初参加の人よくついていけたよね（笑）。
一同　ハハハハハ（爆笑）。
山本　端から見たらすごい光景ですよね（笑）。性的な妄想を書いてくださいって。話している内容は重い。でも、ほかのところで軽さがあるんですね。システムとか運営のやり方とか。みなさんの聞き方とかもあるんですかね。
西井　それはあると思います。とにかく非モテ研では「面白い」っていう相づちが多いですね。
山本　発言した側からすると、「面白い」と言われるとどう感じますか？
歌男　自分のなかにいる自分を許そうという心が生まれますね。決して他人に口外できない、という思いがあって。話したらバカにされるかドン引かれるかどっちかだと。それを面白いと思ってもらえるなら、話しても悪くないと思える。妄想も同じくですね。
明日葉　「面白い」って言って笑うじゃないですか、僕ら。弱さを語って。でもべつにウケを狙ってるわけじゃないというか……。自分の経験をふっと、ちょっと恥ずかしいんですけどこんなことしちゃって、と。そうすると、「あーわかる。ハハハ（笑）」と返ってくる。これ、べつに誰かが操作しているわけじゃないですよね。

▼非モテ研の目的

山本　面白いですね。次に非モテ研の目的についてお聞きしたいです、例えば「非モテ」は克服すべきなのか、そのままでいいのかなども含めて教えてください。

西井　それは難しいところで、非モテ研はもちろん「モテないままでいい」とありのままを肯定しますが、一方でやっぱり恋人がほしいという願望は出てきます。そういう話が出てきたときに「非モテでもいいやん」と言ってそれを封殺はしないんです。どうしたらうまく丁寧にアプローチできるのかって考えたりもするので、「いまのままでいい」とだけ言ってるわけではない。

ムロ　僕のなかで非モテ概念が拡張されたときがあって、彼女ができても結婚しても非モテの苦悩がなくなるわけではないと悟ったときがあって、そうするとべつに誰かがくっついたりすることをとがめる必要はない。それはそれでいばらの道を歩むみたいな感じで。

たぬき　実際、結婚しても変わりませんでした。

ムロ　そうなんですよ。僕が悟りを得る大きなきっかけはたぬきさんの存在で、結婚しても非モテがなくなるわけじゃないんだな、とお話を聞いていて思ったことはあるんです。パートナーがいるかいないかで非モテを分類するのはよくないと思うようになりましたね。

リュウ　分断はよくないと思うんですけど、それでも差異は感じるというか。恋人ができたことがある「非モテ」の人と、そうでない「非モテ」はちょっと変わってくるんじゃないかって気はするんですね。どっちも苦しいのは苦しいし、もちろん共通点もあると思いますが、違うところもあるのかな、と。

**山本**　非モテっていうのが曖昧な概念で、いろんな度合いがあって、それにすごく苦しんでいる人もいれば、ちょっとひっかかってるくらいの人もいる。そのなかで共通の目的をどう設定しているのか、それとも設定しなくてもいいと考えているのか、いかがですか？

**西井**　一回、非モテ研の理念検討会をしたことがありましたね。

**山本**　どうだったんですか、そのときは。

**西井**　あんまりまとまらなかった（笑）。

**一同**　ハハハハハ（笑）。

**西井**　三、四時間くらい話してまとまらなかったから、そのままにしてる感じですね。

**ハーシー**　「非モテであることを受け入れ」みたいな文面があったと思います。でも僕はそれを受け入れられへんと言って。

**西井**　そうそうそう。アルコール依存の自助グループの12ステップや吃音者宣言をまねて作ろうかってなったんですね。最初僕は回復や解放といったワンイシューを何か作らないといけないと意識していたんですけど、途中からそれをあんまり考えなくなったんです。というのも、個々で抱えているものが全然違うというのがわかってきたからです。ある人にとっては自分を縛る規範を意識化することが大事なのかもしれないし、別の人にとっては好きな女性にアプローチすることが大事なのかもしれない。ワンイシューではくくれないっていうことに気づいていきましたね。

山本　なるほど。この会の性質を考えるうえでそれは象徴的なエピソードな感じがしますね。どこかにはみんな共感しているけれども、完全に一致しているわけではない、そのまとまらなさがよさなのかもしれない。

マイル　でもそれって、へたをすればミソジニーの方向にいく可能性もあるわけですよね。女に搾取されていることを問題視すべきだ、というような意見も許容することになるので。

西井　そうですね。女性蔑視の方向へと一気に流れていかないように無意識的にか意識的にか、緩くファシリテートしているところはあると思います。そこには僕の主義・主張が入っていますね。

山本　そういう方向にいくことはあるんですか？

マイル　そういう発言自体出ることもありますよね。

ムロ　そこは難しいよね。素直につらさを出すときに、ミソジニー的な話も入ってしまうときがある。

西井　本当にそうですね。僕のなかにもミソジニー的な要素が当然あるわけで、とにかくそれをいったん外に出してみることを重視していて、だから感情や語りを否定はしないです。

明日葉　僕はそういう話をあんまり聞きたくないと思っていますが、でもよくよく考えたら僕もがっつり引きこもったときって、そういうことをちょっと思ってましたね。ただ非モテ研に来れば来るほど、そうした非モテ意識が薄れてきてくれた気がします。それと同時に、「非モテ」という言葉では表すことができない生きづらさが出てきました。僕の場合、わかりやすいところで言えば「不登校」とか「引きこもり」とか「自閉症」とか。

山本　初めは「非モテ」という言葉をフックにみなさん集まってくるけど、見つめていくと別の概念が見つかっていくみたいなところがあるのかもしれないですよね。それがそれぞれみんな違う。
マイル　非モテっていうのは一つの共通語で、突き詰めていくとそこから細分化して話していくみたいな。

## ▼非モテ研で変わった？

山本　お話を聞いていると、「非モテ」を誰かに押し付けられたものではなくて改めて自分の問題として問い直しているように感じました。それに関連して、非モテ研に参加して変わったことはありますか？
歌男　ぼくは恋愛で悩んでいて、非モテ研に参加して自分の失敗パターンを研究して、相手への関わり方をガラッと変えてみたんです。それで楽になったと思えるようになったけど、ただ百パーセント回復したとは思っていなくて……。というのも、今度はまた別の苦しみが襲ってくるんですよね。また恋愛がらみでしんどくなることもありうるだろうし……。それを考えると今後も研究や語りということはずっと必要なんだろうなと思っています。非モテ研の活動を通じて自分を顧みることを避けなくなったということはありますね。向き合うことを避けなくなった。自分の醜さに向き合うことが怖くなくなった。
たぬき　僕は笑いをとるようになったことでしょうか。
一同　ハハハハハ（笑）。

西井　確かに最近、たぬきさんボケてくることありますね（笑）。

たぬき　昔はそんなことしたことなかったですからね。

ムロ　僕はある程度自分で「非モテ」のメカニズムがわかるようになって、向き合えるようになった半面、過去のいろんな恋愛をすごく後悔するようになった。

たぬき　僕はそれとは逆で、過去の恋愛のやらかしたことに名前がついたことで、若干楽になったということはあります。つらさの正体の名前がついた。

西井　なるほどなあ。僕は人をからかうことにとても敏感になりましたね。以前マイルさんをからかったことがあったんです、うどん屋で。普段の研究会のときにはそんなことしないんですが、なんかおもろいかなって思ってやってしまったんですけど、そのあとマイルさんに怒られたんです、「あれはいやです」と。

マイル　僕がそれを言うと、西井さんは即座に反省してその場で謝って、それから一切からかわなくなったというのに、結構びっくりしたんですよ。そういうことをする人って、言ってもたいてい無駄やから……。

西井　リュウさんや明日葉さんからも注意されたことがありますね。「西井さん、あれはどうなんですか」って言ってくれたりして、それがすごいありがたくて。自分がいかに権力を持ちうるか、ということにものすごい敏感になってきたいうことはありますね。活動を通して。

山本　それは、非モテの問題を見つめるなかで変わってきたことと関係あったりします？

西井　関連すると思いますね。非モテのことを考えるうえでからかい・いじりって重要な問題だと思っていて、みんなからかわれて傷ついてきている。僕もそれで傷ついてきているはずなのに、からかいの文化に自分も加担してるんだと気づいたっていう感じですね。

明日葉　二年前から自助会に行き始めたこともあると思いますけど、引きこもらざるをえないくらいに人が怖いという感覚は薄れてきたなという気もしますね。ぼくが中学・高校時代にいろいろ言われたような変なからかいとかがないので安心した部分があるかな。こういう世界があるんだっていうのが新鮮でしたね。

西井　オルタナティブな関係性のとり方を学んできたというところがすごくありますね。ハーシーさんとマイルさんと一緒に行った銭湯で、ハーシーさんが僕の髪の毛を乾かしてくれたんですが、僕はそれが新鮮で。

ハーシー　えー、覚えてないです（笑）。

西井　ハーシーさんが人懐っこいからというのもあるんですけど、それがすごい心地よかったんですね。僕はあまり男性同士で髪を触るということをこれまでしたことがなかったのですが、それを楽しめるように変わってきたような感じがしますね。

リュウ　あんまり非モテ研に来てこんな変わりました！みたいなのはコマーシャルみたいでいやなんですけど。いままでは恋愛とかもさせられてきた感が強かったんですよ。したいというよりは、周りに囲い込まれていたりして、空気とか規範とかごっちゃになって、いろんな生きづらさがごっちゃになってさせられてきたけど。いまはちょっとそこから距離を置けるようになったかな。前はドロップとしてたのが、ぬめって感じのレベルになりました。グループから切れたら前の状態に戻りそうな怖さってあるんですよ。非モテ研に来なかったら悪循環の非モテループに入ってくるんじゃないかと思います。あとは女性をいままで性的にしか見ることができなかったのが、ちょっと違うふうに関われるのかなと思うようになりました。いままでなんでも性的に見て、かえってほかの見方を失ってたな、豊かさがなくなってたな、という状態だったんですが、女性とお茶を飲むだけでも満足できるというように変わってきた。それは前のめりになってるときは見えなくて、特に一人では気づけない。非モテ研にはつながりがあるので、そういう力にすごい助けられてるなという気がしますね。

## ▼非モテ研のこれから

山本　非モテ研独特の緩やかさによって、気づきがあったり回復したりしていく。そういう要素が非モテ研は強いような印象を受けました。逆に問題点とか、課題ってありますか？

ムロ　参加者が増えてきたから、参加したい人が参加できないという課題はありますね。

たぬき　語りたい人が語れなかったり。

西井　認知度が上がってきたのかもしれませんね。最近はナンパ塾系のアカウントに「Twitter」ですごいフォローされるようになりましたね（笑）。カモやと思われたのかな。

たぬき　ぼくも非モテ研のこと知り合いにしゃべって、ナンパ塾のように思われたことはあります。

山本　グループ自体外から見ても何をしてるのかわかりづらいし、参加してる人も何をしてるのか説明するのが難しいということがあるかもしれませんね。

**マイル**　非モテ研究してるって言っても絶対伝わらんですよね（笑）。

**ムロ**　でも俺の感覚だと、非モテ研には意外なほどわかっている人が来てるような。

**マイル**　インターネットだけの情報でなんでそこまでわかってんねんっていう（笑）。必要としてる人が来てるというか、来るとみんなと仲良くなれる人たちが来てるという感じがする。

**西井**　いや、来なくなった人もいるのでそうは言いきれないですね。非モテ研が合わない人もいるはず。

**ムロ**　ファシリテーターを西井さんがやってるからいいという人もいれば、ちょっと毛色が違うと感じる人もいるでしょうね。多様な居場所があったほうがいいだろうから誰かが非モテ研からのれん分けして、パート2みたいなものをやるといいんじゃないですか？　西井さんと同じような感じでありながら、ちょっとずれた感じの。

**マイル**　どうしても西井さんが主宰しているいまの形だと、西井さんに気に入られようと顔色をうかがってしまう。

**山本**　そうなんですか？（笑）。西井さんに権力が集中するという問題ですね。でもこういうのが正直に話せるのはいいですね。

**ムロ**　研究会で話すときも西井さんの顔色を見ちゃうんですよ。あ、俺いまちょっとずれたこと言ってるかなみたいな（笑）。

**リュウ**　西井さんがドキッとした顔をしてたら、ちょっと言いにくいなぁ……この話題はアカンかったかなみたいな。

西井　それは僕も困っていますね……。最近非モテ研に「西井さんを知って来ました」という人もいるんです。その分、僕の顔色を見るということが起きるだろうし……。
ムロ　それで救われる人がいるなら、それでもいい気はするけどね。
マイル　それは、西井さんがアイドルになるわけですか？
たぬき　西井さんも大変でしょう、周りから祭り上げられるのも。
西井　そうですね。そうすると僕が弱さを出すっていうことができなくなってくる。ただ研究会のとき、ハーシーさんが僕に「西井さんもしゃべってください」って絶対欠かさず言うんですよね。研究会の残り時間が少なくなったら、やっぱり自分の話をするのは控えようかなって思うんですけど、ハーシーさんがいつもそう言ってくれて。
たぬき　最近は、ファシリテーターを西井さんがメインでやってたのを交代でやるようになりましたよね。
リュウ　西井さんはどうなんですか？　脱西井依存みたいになってほしいんですか？
西井　あー、それは難しいところで、先ほども言ったように、例えばミソジニーの方向に振りきれないように調整しているところがあるので、権力性を完全になくすということもどうかなとは思ってて。
マイル　西井さんは、権力を握ってて快感はあるんですか？
西井　あー、いや…まぁ……（笑）。
一同　ハハハハハ！（笑）

**西井**　グループのなかでは、そんな持ちたいとは思ってないんですよ（笑）。でも自分の名声が上がってくることに対して、快感がないとは言えない。でもそれで、僕に権力が集中して参加者が僕の顔色をうかがうようになって、自由な語りができないみたいなことが起こるのは困りますね。

**マイル**　ただ非モテ研のなかで、多少の権力の分散は最近起きてるかなと思うんですよ。つぐ研やそのほかの企画など、西井さん以外のメンバーが主体的に進めることも増えてきました。

**ムロ**　権力ってそれによって何か不自由になる人がいるとよくないけど、誰も影響力を発揮しなくなると、つまらないものになる。ある場面で誰かが仕切るとかは、必然的に起こるので、それさえ否定しだすとみんなの個性がそもそも発揮できなくなるから面白くない。と言っていつも特定の一人が仕切ってて、言いたいことを言えないメンバーが常にいるという構造だとダメだよね。

**リュウ**　固定化しちゃう。

**明日葉**　そう思うと、わりといい線いってるんじゃないですか、僕ら。

**一同**　ハハハハハ（笑）。

解説

# 語りだした男たちに乾杯

村本邦子

## 1 男たちが語りだす

男たちが集まり、いたわり合いながら、互いの言葉に耳を傾ける。ときには苦しげに、ときには悲しげに、そして、ときには楽しげに。「いいなぁ」と思う。そして、いまから三十年ほど前、第二波フェミニズム運動のツールだったCR（Consciousness Raising）グループ（意識覚醒グループ）を模して、女たちと飽きもせず、繰り返し語り合った日々を懐かしく思い出す。語られている内容はずいぶん違うが、問題意識を共有する者たちの語り合いから、新たな言葉が生まれ、新たな物語が紡ぎ出されていく。当時も、集まって語り始めた男たちがいた。たまに、どこかで一緒になることもあったが、彼らのことをあまり詳しく知っているわけではない。それでもこんなふうに語り合う男たちの文化は、次世代に静かに受け継がれているのだと温かい気持ちになる。

本書のグループの問題意識は、「非モテ」だと言う。どうしてそんなにモテる／モテないが重要なことになるのか、私の世代には推し量りがたいものがあるが（どちらかと言えば、モテる男は軽薄な感じがする）、よくよく聞いてみると、摂食障害グループに似ている。いろんなことが問題になっているはずなのに、すべてが体重の問題になり、それさえコントロールできれば本来の幸福な人生が開けると思い込んでしまう。「いま」は、いつまでたっても間違えたかりそめなのだ。世界は色彩をだんだん失い、成功か失敗かのモノトーンになって、結局は敗北感に打ちのめされて終わることになる。

「非モテ」をテーマに集まりながら、彼らは様々な手法を駆使し、様々なテーマでそれぞれが持つ多種多様な側面にふれ、様々な感情を味わい、共感し、つながりを感じながら、世界はもっとたくさんの色彩に満ちていることに気づいていく。残念ながら、いまの社会では、それぞれの感情を大切に扱い、必要に応じて手だてや手当てをする訓練がされておらず、そんな習慣もない。特に傷つきや悲しみの感情は、すぐさま封じ込められ、いっぱいにため込まれて、歪んで排出される。なぜこれほどまでに、子どもの世界から大人の世界に至るまでいじめがはびこっているのか、人が自分を傷つけるような言動をわざわざ選んでしまうのかを考えてみるといい。歪んだ悪意の向け先は、力関係によって決まる。強い者は弱い者に悪意を吐き出し、弱い者はさらに弱い者へ、それができなければ、自分自身に悪意を向けることになる。

## 2 感情のささくれや傷の手当てをしあう

「ぼくらの非モテ研究会」（非モテ研）がおこなっているのは、それぞれの感情を大切に扱い、必要に応じて手だてや手当てを講じることで、感情のささくれや傷を癒やし、悪意をなだめ、それぞれの人生に生き生きとした色彩を取り戻していくことなのだと思う。本当は、そういうことが小さいころから日常的に励まされていればいいのだが、現状は残念ながらそうなっていない。いやなことがあったとき、引っ掛かりが残ったとき、それを放置するのではなく、何がどんなふうにいやだったのか、引っ掛かりはどこだったのか、ちょっと立ち止まって考えてみる。誰かと話してみる。そうするなかで、自分のことがよく理解できるようになるし、必要に応じて、問題解決に向けて行動したり、別の形で自分を慰めて励ましたりすることもできる。

直後にこまめにおこなっていれば簡単にすむことも、放置したり、抑え込んだりしてしまうことで、こじらせたり、膿がたまってしまったりする。非モテ研では、研究として困りごとを出し合い、問題のルーツを探り、「自分の助け方」を一緒に考える。それは、往々にして、複雑にこじらせてきた過去の傷を掘り起こすことにつながるようだ。ときに苦しい時間になるが、支え合い、慰め合い、ユーモアを交えて共有することで、前に進むための大切な礎になる。

例えば、足達龍彦さんの研究「セブルス・スネイプの研究——あるいは〝恋と不器用さ〟について」では、「ハリー・ポッター」シリーズに登場するセブルス・スネイプに同一化しながらも、「だけど僕はセブルスみたいに死にたくない！」と決意して、好きな人ができたときに起こる困りごとについて分析している。なぜ「好意」を自動的に「下心」と言い換えるのか、初めはわかりにくいが、どうやら好意の見返りとして、自分と付き合うように仕向けるという操作的意図が乗っかっているかららしい。しかし、好意をどう受け止めるかは相手次第であり、相手の姿勢を自分がどうにかできるわけではないことをきっぱり受け入れるしかない。そして、好意を向けられることにノーが表明されれば、涙を飲むしかないのだ。いたってシンプルな話である。「わかっていても、そんなふうには割りきれないよ」という声が聞こえてきそうだが、割りきれない気持ちは別の形で手当てする。非モテ研では、「妄想は妄想として語られ」「妄想として笑われることを求めている」という形で対処された。自分のなかに抱え込むだけでは静まらない妄想を仲間たちに笑って聞いてもらうことで、自分を少し許せるようになったという。

どうも、「付き合う／付き合わない」「恋人がいる／いない」という形式にとらわれすぎて、関係性の内実が置き去りにされているようだ。歌男さんの研究「非モテ幽霊の研究」にあるが、誰かと経験を共有して感じたことを語り合い、理解を深めていく——そんなプロセスがあってはじめて、少しずつ距離が近づき、互いがかけがえのない大切な存在になっていく。たとえ、正式に付き合っていなくても、「好きな人との人間関係を純粋に楽しめる」ことの発見はすばらしい。

「付き合う／付き合わない」「恋人か／そうでないか」の相互確認は、二者関係でのコミットメントを約束しあう儀式なのだろう。足達さんがそこに恐怖を抱くきっかけになったという「自分は男性から好意を向けられたら、その人のことが恐くなってしまう」とAちゃんが泣いたエピソードは、おそらく足達さんの問題ではなく、Aちゃんの側の問題だったのではないか。親からずっと虐げられ、自分がダメだからこんな目に遭うのだと自身を納得させてきたというある女性は、「男性から好きだと言われると、その人が嫌いになる。こんなにダメな自分が好きだと言う人は変だと思うから」と語った。Aちゃんは、過去に好意を向けられた人から怖い思いをさせられてきたのかもしれない。カウンセラーとしてたくさんの女たちの語りを聞いてきた立場からは、彼女たちが悪いわけではないが、結果的にその言動によって振り回されてきたであろう男性の姿を向こう側に見ることがある。

うまく飲み込めない経験に出合ったとき、それを自分の問題として引き受けるのか、相手側の事情によるものなのかを識別し、過剰に責任を負わないことも大事だろう。Aちゃんともう少し話してみることができたかもしれないし（もしかすると、それによって関係を深めることができたかもしれない）、信頼できる誰かに話して、意見をもらったり、一緒に考えてもらったりすることもできる。

## 3 怒りは変革のエネルギー

西井開さんの「パワハラ被害の夢の研究」では、被害者が暴力的な関係性のなかに巻き込まれていく道筋が詳細に描かれている。そのありようは性別によって変わらないのかもしれない。あえて言うなら、暴力に耐えていることを「称賛」されて、精神的にタフだと気をよくしてしまうところはジェンダーに方向づけられているのだろうか。西井さんが東北の被災地へと逃げ出すことができて本当によかったし、それが巡り巡って非モテ研につながっていることは感慨深い。自身の痛みに向き合い仲間と共有することから、大きな社会的意味が生み出されている。

話してもダメだったのに、ドラマを使って怒りを表出したところから夢が変わっていくことは示唆的である。西井さんは、怒りを表すことがダサいと思っていたと書いている。でも、格好をつけるより、リュウさんが「不本意出家からの研究」で言っているように、「のたうち回り、わめき騒ぎ、泣き崩れながら、不器用にでもなんとか生き延びられたら」いい。それこそが生きているということなのだ。つるんとした無機質な人形ではなく、毛むくじゃらで、くさい、べとつく身体の生々しさこそが、生命力の源泉である。「そして、不本意出家の研究で閉じる（終わる）のではなく、不本意出家の研究から開かれる（始まる）ことが大切」なのだ。自分のなかに生じた違和感や傷つきや引っ掛かりを抑え込み、ないものにしているかぎり、何も始まらないし、出会いもない。ダサくても、表現して関わり合うことから何かが始まる。

怒りは本来、不正義に対する異議申し立てであり、適切に扱うことができれば変革のためのエネルギーになる。そのエネルギーをどこに向けるかで、創造をもたらすか、破壊をもたらすかが決まる。推測するに、力ずくで感情を抑え込み、「男らしく」欺瞞的に生きることができない「非モテ」に悩む人たちは、どちらにも転びうるきわどいところにいるのかもしれない。そのなかでも、非モテ研に集まる人たちは、それをなんとか創造のほうに向けようとあがいている人たちのように私の目には映る。彼らのある意味で敏感なアンテナと表現能力は、表面化しにくい加害性を描き出し、それを乗り越えていく方法のヒントを生み出すかもしれない。人間存在が悪から自由でない以上、すべての悪意を消し去ることはできないにしても、それをコントロール可能な範囲の小さなものにとどめる努力はできる。いずれにしても、悪意はブーメランのように自分に返ってくるものだ。

## 4　加害と向き合う

非モテ研の語りのなかから、自身の加害性と向き合い、責任のとり方を考えるというテーマが生まれてきたことは注目に値するだろう。気持ちの豊かさに気づくことが加害性の分析を可能にし、安易に分断線を引かないこと、加害性を許容する場づくりを学んだという。被害者目線からは、加害性を許容することなどありえないことになるが、加害者が自らの加害に向き合い、悔い改め、責任を引き受けることができるようになるには、伴走者が不可欠である。被害者支援に関わるなかで、加害行為が長期に及んで繰り返されてきた経過を見て、なぜもっと早い時期に、加害者が過ちを認め、修復することができなかったのだろうかと無念に思うことがしばしばある。

例えば、学校で教師による性暴力が発覚したとき、異動という形で処罰を免れるケースがある。それを何度か繰り返し加害行為はエスカレートして、最終的に処罰の対象となったときに、「なぜ今回はそんなに厳しいのか」というコメントを加害者から聞くことが一度ならずあった。男性社会が「善処」と考えることが結果的に過ちを助長して、被害者はもちろんのこと、当の本人をもさらに苦境に追い込む結果になっている。過ちは過ちとして責任を引き受けながら、加害者性を変化させるための相互支援システムの構築が必要だ。

あるところまでは、過ちを認め、謝罪し、関係をやり直すことが可能である。ところが、一線を越えてしまうと、背負うものが大きくなりすぎて過ちを認めることが極端に困難になり、自分を正当化するために、さらに破壊的な方向へ暴走していくということが起こる。被害者が一人で回復できないように、加害者も一人では回復できない（この場合の回復は、悔い改め、自ら損なった人間性を取り戻すことを指す）。そもそも人は、加害者と被害者に二分割されるわけではなく、加害者性と被害者性の両方を持ち合わせている。グラデーションのなかで、色の濃淡があるだけだ。もちろん、一つの出来事に対しては、加害と被害があり、過去の被害経験でもって加害の責任が免除されるわけではない。

悪意は対処されなければ、循環する。どうしてこんなにも、現代の日本社会が悪意に満ちているのか――私は、世代を超えて過去のつけが回ってきているのだと思っている。その最たるものは、戦争の被害・加害によるダメージである。被害経験もさることながら、加害責任と向き合ってこなかった日本社会のつけは大きい。敗戦後、非人間的経験を経て戦地から帰ってきた男たちが作った家族が、闇を抱え込んだまま、次世代、次々世代を育ててきた。過去に学ばない者は、同じ過ちを繰り返すだろう。もちろん、片棒を担いだ女たちにも責任がある。

過去に、日本と中国の若者や市民が出会い、日中戦争の影響を共有するワークショップを試みてきた。それは、かなりの程度、手応えを感じるものではあったけれど、日本社会が急速に逆行するなかで、継続することができないまま現在に至っている。非モテ研のメンバーにも、ぜひ一度、自分たちが抱え込むことになった悪意のルーツを、世代をさかのぼって探求する試みをしてほしいと願う。学校教育はその歴史を教えないが、その気になって見れば、映画や教材はたくさんある。それらは、後世に伝えようとしてくれた先達たちからの遺産だ。

戦場は、みんなが思っているよりずっと近くにある。兵士になるとはどういうことなのか、戦場で殺し殺される経験をするとはどういうことなのか。実際にそれを経験して生き残った祖父や曾祖父たちは、いったいどのように家族を築き、子どもを育ててきたのか。子孫に過去の悪事の罪はないが、現在、その歴史をどう受け止めて向き合うのかには責任がある。それを抜きに、自分の存在を許し、受け入れ、感情の手だてや手当てをすることなどできないのだ。

## 5 新しい文化の創造へ

非モテ研が試みているのは、新しい文化の創造だ。多少大げさに聞こえるかもしれないが、「非モテ研用語辞典」はその象徴だろう。新たな言葉と意味を生み出すことで、多様性を認め、ケアしあう新しい文化を生み出している。

参加者たちは苦悩や失敗を語り、聞くことを期待する。誰かの語りを書き出すホワイトボードを一緒に眺めながら、問題を解明する共同研究者になるという構造がミソだ。結論を求めない「うねうね語り」から自身のなかにあるエピソードを想起して、それを語り出すことでお互いを刺激しあう。他者のさまよう語りから迷宮に連れ込まれ、これまで捨て置かれた糸を闇のなかからすくい上げて彩り豊かな織物に紡いでいく。言葉にできないものは、アートにする。リュウさんの短歌もたぬきさんの自刻像「だめを」もなかなかいい。そんなふうに「ダークサイド」との付き合い方を学んでいく。同時に、一緒に楽しい時間を過ごすことも重要なポイントだろう。非モテ研では、食事や登山、映画観賞、合宿、遠足など多様な活動をおこなう。発達心理学で言われるギャングエイジやチャムグループを想起させるが、学校生活のなかに陰湿ないじめがはびこる現代、このような関係を持つことはもはや難しいのかもしれない。

非モテに悩む男たちが幻想の女神にケアを求めるのでなく、自分たちの力で、たやすくはなくとも手応えがある、格好よくはなくとも生命力にあふれた人生を手にすることを願っている。

最後になったが、女性問題に関わってきた私が非モテ研について語ることで、結果的に、男と女の二分法が強化されてしまった感がある。非モテ研が境界を曖昧に置いているように、性別についてもグラデーションを前提にした語りができるようになることは今後の課題であり、もっと多様な属性を持つグループとの対話が求められるだろう。

［むらもとくにこ：立命館大学大学院人間科学研究科教授］

# あとがき

西井 開

私たちは恋愛を含む多くのことにとらわれ、振り回されながらも、少しずつ自分たちの問題に向き合い、そして可能性を広げてきました。また、その過程で様々な人に出会い、自分たちの世界がさらに開けてきたように思います。本書もその一つです。

グループの運営や課題について、在野で活動する方や研究者に貴重なアドバイスをいただきました。また、座談会では、カフェフィロの山本和則さんに進行していただいたおかげで、「ぼくらの非モテ研究会」(非モテ研)に関する理解を深めることができました。深く感謝するとともに、非モテ研の知見を蓄積・共有することで、グループという営みがさらに「人」に寄与するものになっていくことを目指します。

また、本書に寄稿してくださった村本邦子先生にも感謝を申し上げます。加害と責任をめぐって行き詰まっていた私たちに一つの指針を示してくださり、またご自身の経験も踏まえていただいた非モテ研へのリフレクションはとても励みになりました。

本書の編集を担当してくださった青弓社の矢野恵二さんや小林純弥さんたちにも大変お世話になりました。本を書くというのが初めてでオロオロするなか、「気にせず自由に書いてください」と矢野さんがオンラインミーティングで言ってくださった言葉が本当に心強く(字数まで自由に書いてしまったので、あとから調整が大変でしたが……)、私たちの力になりました。感謝します。

非モテ研はこれからもうだうだと続いていきます。いまは非モテたちが気軽に集まれるイベントスペース兼シェアハウスのような場所がほしいな、などとみんなで話しています(空き物件がある方はぜひひご連絡ください)。

さて、次は何をしようかなあ。

［著者略歴］

明日葉（あしたば）

20代前半。非モテ大学製菓学科カロリーエンパワーメント専攻。お菓子作りが好きです。でも、お菓子は食べません。

足達龍彦（あだち たつひこ）

31歳。非モテ大学片想い学専攻。場づくりカレッジ「えすけーぷ。」代表。

歌男（うたお）

20代後半。非モテ大学人文学科非モテ宗教学専攻。「ひと」にまつわる事柄に興味があります。

たぬき

30代後半。非モテ大学芸術的非モテ学科ぶっきらぼう現象専攻。顔がコワイのが悩みです。

西井 開（にしい かい）

31歳。非モテ大学自慰学部耽溺論専攻。立命館大学人間科学研究科博士後期課程とのダブルスクール。みなさんは悪夢、見てますか？

ハーシー

26歳。非モテ大学オナ禁学部完全断射専攻。手長エビを、釣って、揚げて、食べます。

マイル

20代後半。非モテ大学加害当事者学部繰り返したくありま専攻。毎日、同じことを考えている。

ゆーれいさん

20代ぎり前半。非モテ大学どーてい学部じゅんあい学科そんなのあるものか専攻。二十余年、部屋の隅でうつうつ煮詰めた非モテ精神を、いま白日の下にさらします。ふ、ふぇぇ……。ぴぇん。

リュウ

20代後半。非モテ大学非所有学科共同体論専攻。麺にコシがある冷やし讃岐生醤油うどんを食べることが小さな生きがいです。

［編著者略歴］
ぼくらの非モテ研究会（ぼくらのひもてけんきゅうかい）
2017年12月24日に発足した関西を拠点にする男性のための当事者研究グループ。モテるためのテクニックを学ぶのではなく、月に１、２回開催する研究会で対話して「非モテ」という現象を探求する。20年7月までに39回実施し、延べ参加者数は200人以上。リピーターも多い。「Twitter」アカウント（@himotemotemote）、メールアドレス himotemotemote@gmail.com

モテないけど生《い》きてます　苦悩する男たちの当事者研究

発行――――2020年9月28日　第1刷
定価――――1800円＋税
編著者―――ぼくらの非モテ研究会
発行者―――矢野恵二
発行所―――株式会社青弓社
〒162-0801 東京都新宿区山吹町337
電話 03-3268-0381（代）
http://www.seikyusha.co.jp
印刷所―――三松堂
製本所―――三松堂

ISBN978-4-7872-3476-6　C0036